지식창업 은퇴설계

책, 강의, 콘텐츠로 수익화하는 시니어 전략

지식창업
은퇴설계

발 행 일	2025년 6월 15일
지 은 이	황경하
편 집	권 혁
디 자 인	김현순
발 행 인	권경민
발 행 처	한국지식문화원

출판등록	제 2021-000105호 (2021년 05월 25일)
주 소	서울시 서초구 서운로13 중앙로얄빌딩 B126
대표전화	0507-1467-7884
홈페이지	www.kcbooks.org
이 메 일	admin@kcbooks.org
ISBN	979-11-7190-131-9

ⓒ 한국지식문화원 2025
본 책 내용의 전부 또는 일부를 재사용하려면
반드시 저작권자의 동의를 받으셔야 합니다.

지식창업 은퇴설계

황경하 지음

책, 강의, 콘텐츠로
수익화하는
시니어 전략

한국지식문화원

| 프롤로그 |

나의 지식과 경험을 돈으로 바꿔라

100세 시대, 시니어는 더 이상 '은퇴자'로 머물 수 없다. 삶은 계속되고, 일도 계속되어야 한다. 지금 우리에게 필요한 질문은 단순히 "언제 은퇴할 것인가?"가 아니다.

"은퇴 후, 어떻게 살 것인가?"이다.

이 책은 은퇴 후에도 평생 현역으로 살아가는 방법을 제시한다. 그 핵심은 바로 지식창업이다. 지식창업은 거창한 창업이 아니다. 자기 경험과 전문성을 바탕으로 1인 비즈니스를 시작하고, 작지만 지속할 수 있는 수익을 만드는 새로운 방식이다. 시니어는 이미 방대한 지식과 경험이 많다. 다만, 문제는 그것을 어떻게 활용할지, 누구에게 어떻게 전달할지 모른다는 데 있다. 이 책은 지식을 팔아서 단순히 돈을 버는 방법이 아니다. 자신의 지식과 이야기를 어떻게 '가치 있는 상품'으로 전환할 수 있는지를 구체적으로 안내한다. 한 직장에서 평생을 일하던 시대는 이미 지났다. 이제는 열정을 기반으로 새로운 일을 만들어 가는 시대다. 덕업일치(덕질+업무의 일치), 자신이 좋아하는 일을 직업으로 삼는 시대가 되었다. 마음속에만 품고 있던 이야기를 책으로 정리하면, 그 순간부터 당신은 '전문가'가 된다. 당신이 겪은 어려움, 실수, 극복의 과정은 누군가에게 귀중한 자산이 된다. 당신의 이야기를 담은 한 권의 책은 다른 사람의 삶을 바꾸는 나침반이 될 수 있다.

그리고 그것이 바로 지식창업의 출발점이다. 지금의 시니어는 더 이상 일터에 얽매일 필요가 없다. 이미 삶을 통해 배운 경험과 쌓은 통찰이 있다. 이제 그것을 활용해 자기만의 명함을 다시 만들고, 스스로 삶을 이끌어갈 수 있다.

나만의 명함은, 내가 새로 만들 수 있다. 내가 겪은 현장 경험, 조직 안에서 쌓은 노하우, 삶을 통해 얻은 통찰은 책이 될 수 있다. 강의가 될 수 있으며, 코칭이 될 수 있다.

내가 살아온 인생 전체가 하나의 브랜드가 되는 시대다.

은퇴는 끝이 아니라, 새로운 시작이다. 누구나 자신만의 지식과 이야기하고 있다. 그것을 나만의 상품으로 바꾸고, 세상과 연결하는 법을 배우는 게 이 책의 목적이다. 이 책은 단순한 정보서가 아니다. 당신의 삶에 새로운 방향을 제시하는 실천의 안내서다. 한 번의 독서로 끝나는 책이 아니라, 당신의 인생 2막을 바꾸는 도구가 될 수 있기를 바란다.

은퇴 후에도 꿈을 꾸는 삶, 가치를 창출하는 삶, 현역으로 살아가는 삶을 시작하자.

황경하
시니어 은퇴설계
지식창업 전문가

TABLE OF
CONTENTS

제1장 : 은퇴하는 남편, 가장이 된 아내
01. 잘 나가던 학원 원장은 강사로 살기로 했다 10
02. 열심히 살면 더 가난해지는 이유 15
03. 새로운 꿈, 새로운 미래에 도전한다 20
04. 점포 창업은 얼마나 돈은 벌까? 24

제2장 : 100세 시대 은퇴 후 현주소
01. 시니어, 10명 중 7명 비자발적 퇴직 32
02. 시니어 은퇴 후 경력 실태조사 38
03. 시니어 은퇴 후 창업 실태조사 42
04. 시니어 은퇴설계의 필요성 48
05. 시니어 은퇴설계의 핵심 설계 금융, 건강, 관계의 통합 53
06. 시니어 은퇴 후 겪게 되는 삶 59

제3장 : 은퇴설계 어떻게 경쟁력을 키울 것인가?
01. 100세 시대 은퇴재앙이 몰려온다 66
02. 회사는 당신을 평생 책임지지 않는다 71
03. 은퇴는 회사 다닐 때 미리 준비한다 76
04. 언젠가 잘리고 회사 그만둘 때, 절대 후회하지 않으려면 81
05. 가치를 만들고 시간을 투자하는 방법 86
06. 은퇴 후 지식노마드로 살아가는 삶의 즐거움 92

제4장 : 은퇴설계 지식창업으로 인생 2막 평생 현역으로 살기

01. 자신의 지식과 경험, 아이디어로 지식 창업하기 100
02. 지식창업으로 인생 역전하라 106
03. 나를 퍼스널 브랜딩으로 설계하라 112.
04. 나만의 콘셉트를 찾아라 118
05. 지식과 정보를 연결하면 비즈니스가 된다 124
06. 은퇴 후 자격증 아무거나 따면 도움이 안 된다 130

제5장 : 은퇴설계 지식창업 책 쓰기가 답니다.

01. 지금 당장 책 쓰기를 시작하라 138
02. 명함 돌리지 말고, 내 책을 돌려라 143
03. 책 쓰기, 강연, 컨설팅으로 수익을 창출하라 148
04. 책 쓰기로 나만의 무기를 만들어라 153
05. 책 쓰기가 진짜 공부다 158
06. 책 쓰기로 은퇴 후 인생 2막을 준비하라 163

제6장 : 은퇴설계 지식창업 시스템 구축전략

01. 은퇴설계 지식창업 콘텐츠 주제 선정과 기획전략 170
02. 은퇴설계 지식창업 수익모델 만들기 전략 175
03. 은퇴설계 지식창업에서의 필수 전략 네이버 인물등록 183
04. 은퇴설계 지식창업 경쟁 분석과 차별화 전략 세우기 191
05. 은퇴 후 성공적인 제2의 인생을 위한 브랜딩 마케팅 전략 195
06. 은퇴 후 SNS 채널을 통한 1인 지식창업 성공 전략과 사례 199

Ch 1.

은퇴하는 남편
가장이 된 아내

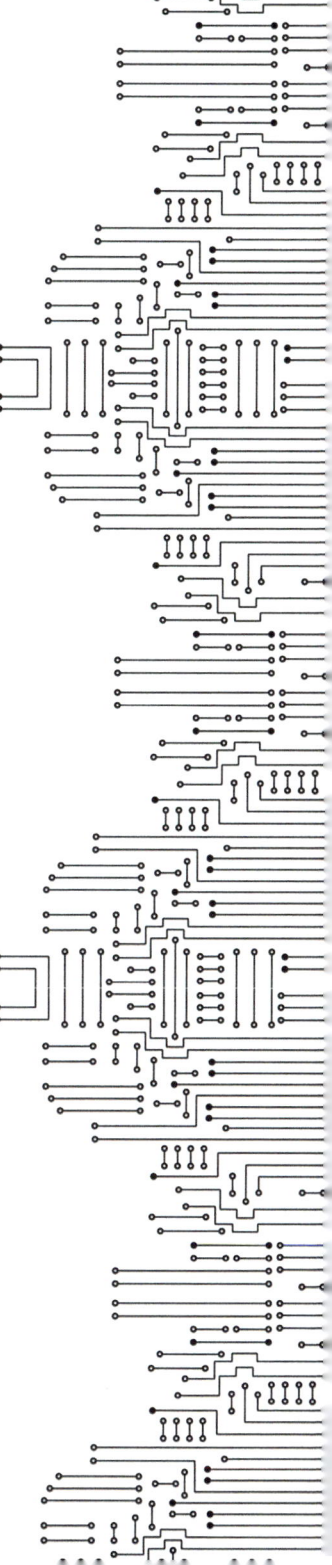

01.
잘 나가던 학원 원장은 강사로 살기로 했다

위기의 순간, 삶은 전환점을 요구한다

남편의 은퇴는 예고 없이 시작되었다. 어느 날부터 그의 급여가 들어오지 않았다. 집안의 경제 흐름은 조용히 멈췄다. 수입이 끊긴다는 것은 단순히 돈의 문제가 아니다. 삶 전체의 구조를 흔드는 일이었다. 남편은 사업의 어려움을 짧은 말로만 전했지만, 그 뒷면에는 깊은 절망과 무력감이 자리 잡고 있었다.

남편은 한 분야에서 오랜 세월 성실히 일해온 사람이었다. 대학에서 건축설계를 전공한 그는 동업자와 함께 회사를 운영하며 일에 대한 애정을 품고 살아왔다. 그러나 코로나19로 인한 장기적인 경기 침체는 소규모 사업체에 직격탄이 되었다. 그 여파는 결국 가족의 생계를 위협하는 현실로 이어졌다.

퇴직이 은퇴를 의미하던 시대는 지났다. 평균 수명이 늘어나며 인생 2막의 중요성이 커지고 있지만, 여전히 많은 이들이 일에서 물러난 후의 삶을 준비하지 못한 채 시간을 보낸다. 남편도 예외는 아니었다. 자신이 좋아하는 일을 오랫동안 할 수 있으리라 믿었다. 현실의 리스크에는 무관심했다. 그 무심함의 결과는 곧바로 경제적 위기로 돌아왔다.

가정의 재정은 빠르게 흔들리기 시작했다. 초기에는 모아둔 돈으로 버틸 수 있었다. 시간이 지나며 카드 대금, 공과금, 학자금 등의 고정지출이 빚으로 바뀌어 갔다. 줄어드는 예금 잔고를 보며 절박한 감정이 밀려들었다. 한 집안의 경제를 유지하는 일은 단순한 절약이나 절제만으로 해결되지 않았다. 가정경제는 수입이 지속되어야만 지속 가능하다.

그때부터 나는 한 명의 아내가 아닌, 가족의 생계를 책임지는 가장의 역할을 자각하게 되었다.

가장의 책임은 감정이 아니라 전략이다

나는 오랫동안 속독·집중력 학원을 운영해왔다. 교육 사업은 성취감을 주는 일이지만, 동시에 매우 현실적인 사업이기도 하다. 고정비는 매달 꾸준히 발생하고, 학생 수의 증감에 따라 수익이 크게 요동친다. 신학기에는 학생이 몰리지만, 학기가 지나면 다시 조용해진다. 수업 외에도 지속적인 홍보가 필수였다. 아파트 게시판, 홍보물, 온라인 마케팅 등 다양한 경로를 통해 학생을 모집했다.

과거에는 학원이 잘 운영되던 시절도 있었다. 하지만 경쟁은 치열해졌고, 교육 시장도 빠르게 변화하고 있었다. 학생 수는 점차 줄어들었다. 노력만으로 회복하기 어려운 지점까지 왔다. 무엇보다도 학생을 열심히 가르쳐 놓아도, 부모들은 더 나은 환경을 찾아 학원을 옮기는 일이 잦았다.

수익보다 지출이 많아지는 시점부터, 나는 스스로에게 질문을 던지기 시작했다. '이 방식으로 계속 가는 것이 옳은가?' 월세와 인건비 부담 없이 일할 수 있는 구조, 즉 내가 일한 만큼 수익이 남는 구조가 필요했다. 결론은 단순했다. 지금처럼 학원을 유지하는 것보다는, 지식 기반의 1인 창업 또는 재능 기반 콘텐츠 사업이 더 현실적일 수 있었다.

하지만 여기에도 준비가 필요했다. 50대 중반의 여성으로서 새로운 취업을 기대하긴 어려웠다. 단순노동이나 반복 작업은 이미 자동화와 인공지능이 대체하고 있었다. 결국 나에게 남은 자산은 경험, 지식, 이야기였다.

나만의 콘텐츠로 다시 시작하라

학원을 운영하며 수많은 학부모와 학생을 만났다. 아이들의 학습 습관을 분석했다. 학부모들의 고민을 듣고, 학습 동기를 끌어내는 기술을 익혔다. 이 모든 경험은 단순한 '수업' 그 이상이었다.

나는 이 경험을 콘텐츠로 전환하기로 했다. 책을 읽고, 관련 자료를 정리하고, 글을 쓰기 시작했다. 은퇴자 교육, 시니어 창업, 지식창업 관련 서적과 사례를 탐독했다. 지금 이 시점에서 중요한 것은, 무엇을 아는가 보다도 그 아는 것을 어떻게 쓰는가였다.

남편 역시 은퇴 후 무엇을 해야 할지 몰라 막막해하고 있었다. 그 모습을 지켜보며, 우리 세대의 남편들과 아내들이 같은 고민을 안고 있음을 체감했다. 단지 돈을 벌 수 있는 일을 찾는 것이 아니라, 삶의 가치를 재구성할 수 있는 일, 오래도록 계속할 수 있는 일을 찾아야 했다.

빚으로 버티는 삶은 끝이 보이지 않는다. 현실은 냉정했다. 생활비 부족으로 결국 사업자 대출을 받았다. 일부는 카드 대금 상환에, 일부는 공과금과 생활비로 지출되었다. 사업자 대출은 낮은 금리라지만, 철저한 서류 심사와 한도 제한이 있었다. 무엇보다도 빚은 미래 소득을 담보로 하는 결정이기에, 돌파구 없이 늘어가는 대출은 더 큰 불안을 안겼다.

전문가들은 말한다. "빚부터 갚아라." 맞는 말이다. 하지만 그보다 중요한 건, 갚을 수 있는 구조를 먼저 만드는 것이다. 수익구조가 없다면 절약도 의미가 없고, 근근이 유지하는 삶은 금세 한계에 부딪힌다.

이제는 인생을 마라톤이라 말할 수 없는 시대다. 우리는 100세까지 살아야 한다. 50대와 60대는 결승점이 아니라 중간 반환점이다. 이 시점에서 지치고 무너지지 않기 위해서는, 속도를 조절하고 방향을 전환하는 지혜가 필요하다.

위기는 전환의 기회가 될 수 있다. 지금까지의 경험을 되돌아보며 나는 확신하게 되었다. 은퇴 후의 삶은 사전에 준비하지 않으면 버거운 현실로 다가온다. 50대 이후의 여성, 또는 경력단절을 경험한 이들에게 자기 자산을 재구성하는 능력은 더 이상 선택이 아니라 생존의 조건이다.

내가 살아온 이야기가 누군가에게는 새로운 시작의 계기가 되길 바란다. 위기를 견디는 것만으로는 부족하다. 그 위기를 배움과 도전의 기회로 전환할 수 있어야 한다. 비로소 다시 시작하는 삶이 가능해진다. 그리고 그 시작은, 지금 순간, 스스로를 다시 정의하는 데서 출발한다.

가장이 된 아내, 그리고 변화의 시작
이제 나는 단순히 한 가정의 경제를 지탱하는 존재가 아니다. 삶의 방향을 재정립한 주체로서 살아가고 있다.

남편의 은퇴는 분명 위기였다. 그러나 그 위기는 나에게 성찰과 변화의 기회를 주었다. 나는 다시 배우고, 다시 연결되고, 다시 나를 정의하는 길을 걷고 있다.

은퇴 이후의 삶은 단순히 재취업이 아니라 삶의 새로운 모델을 설계하는 과정이다. 지금 이 글을 읽는 누군가도 어쩌면 나와 같은 시기를 겪고 있을지 모른다. 그렇다면 전하고 싶다.

가장으로서, 아내로서, 여성으로서 늦지 않았다. 삶은 언제든 다시 설계할 수 있다. 단, 그 시작은 '나'의 이야기에서부터 출발해야 한다.

02.
열심히 살면 더 가난해지는 이유

성실함만으로는 부족한 시대, 이제는 전략이 필요하다.
"부자가 되려면 어떻게 해야 할까요?"
사람들이 이 질문에 주저 없이 대답한다. "열심히 살아야죠."

이 짧은 문장은 우리 사회가 오랫동안 신념처럼 붙잡아온 삶의 공식이다. 우리는 어릴 때부터 성실함을 미덕으로 배웠다. 노력은 언젠가 반드시 보상받는다는 말을 들으며 성장했다. 그러나 이 오래된 믿음은 이제 점점 그 효력을 잃어가고 있다.

우리 부모 세대는 그 대표적인 예다. 새벽같이 출근해 밤늦게 퇴근하던 일상이 당연했다. 자녀를 위해 모든 것을 희생했다. 남편은 공장에서, 아내는 일터와 가정을 오가며 몸을 아끼지 않았다. 그렇게 평생을 바쳐 일했지만, 지금 그들이 맞이한 노후는 어떠한가. 많은 이들이 의료비를 걱정하고, 국민연금에 의존하며 근근이 살아간다. 한 달이 길고, 돈은 늘 빠듯하다. 이는 개인의 실패가 아니라, 더 이상 열심히 만으로는 보상받을 수 없는 시대의 구조적 현실을 보여준다.

성실함은 여전히 중요한 덕목이다. 하지만 그것만으로는 충분하지 않다. 이제는 방향과 전략이 필요하다. 어디로 가는지도 모른 채 노를 저어서는 목적지에 도달할 수 없다. 목표 없이 반복되는 노력은 오히려 체력과 시간의 소모일 뿐이다. 많은 이들이 잘못된

길 위에서 더 빠르게, 더 열심히 달리고 있다. 열심히 상황을 악화시키는 아이러니한 시대다.

지금 필요한 것은 나아가는 속도가 아니라, 나아가는 방향을 점검한다. 내가 가는 길이 과연 올바른 방향인지, 이 노력이 나를 어디로 데려갈 것인지 묻지 않는다면, 성실함은 오히려 중요한 것을 놓치게 만든다.

포기를 두려워하는 사람들

우리는 '포기'를 실패로 여긴다. 한 가지 일을 그만두는 것을 도망이라 말하고, 물러서는 것을 나약함이라 생각한다. 그래서 때때로 분명히 틀린 선택이라는 걸 안다. 이미 들인 시간과 노력 때문에 멈추지 못한다. 그간의 수고가 아깝다는 이유로 계속 가야 한다고 믿는다. 하지만 방향이 잘못되었다면, 그간의 노력은 이미 비용이 되었을 뿐이다.

현명한 포기는 전략이다. 돌이킬 수 없는 지점까지 간 뒤에야 깨닫는 것보다는, 조금 일찍 멈추는 것이 손실을 줄이는 길이다. 잘못된 선택을 고수하는 이유는 그것에 나의 시간, 감정, 자존심이 걸려 있기 때문이다. 그러나 포기하지 않는다고 모든 문제가 해결되는 것은 아니다. 오히려 늦은 포기는 더 큰 후회로 돌아온다.

직장이 끝이 아니다. 준비 없는 은퇴는 재앙이 된다.

직장인들은 스스로 바쁘다고 말한다. 매일 출근해 프로젝트를 마무리하고, 회의와 출장, 보고서에 쫓기며 하루를 보낸다. 주말에도 이메일을 확인하고, 일터의 연장선상에서 쉼 없는 시간을 보낸다. 그러나 그 바쁨이 자신의 미래와 연결되지 않는다면, 결국 아무것도 남지 않는다.

"은퇴는 아직 멀었다."

"지금은 당장 먹고살기도 바쁘다."

이런 생각이 은퇴 준비를 미루게 만든다. 그러나 현실은 다르다. 은퇴는 생각보다 훨씬 빨리 찾아온다. 준비 없는 은퇴는 곧 경제적 고통과 정서적 혼란을 동반한다. 문제는 대부분이 은퇴를 50대가 되어서야 처음으로 고민한다는 점이다. 그때는 이미 체력도, 기회도 감소한 상태다. 더 늦기 전에 준비해야 한다.

직장생활은 현재의 생계를 위한 수단인 동시에, 미래의 기반을 다지는 시간이어야 한다. 사람들은 은퇴 후 연금으로 생활하고 조용히 여생을 보내리라 믿는다. 실제로는 국민연금만으로는 생계를 유지하기 어렵다. 퇴직금은 순식간에 소진되고, 부동산은 유동성이 낮다. 몇몇은 단기 수익을 기대하며 주식이나 가상자산에 투자하지만, 이는 장기적이고 안정적인 대안이 될 수 없다.

은퇴 후의 삶은 30년 이상이다. 그 긴 시간을 감당하려면, 한두 번의 고수익 투자보다는 지속 가능하고 반복 가능한 수익 구조가 필요하다. 신체적 부담이 적고, 내가 통제할 수 있는 방식이어야 한다. 이것이 바로 지식 기반 수익 구조가 필요한 이유다.

열심히만 살았던 삶의 반성

사람들이 은퇴 후 입을 모아 말한다.

"그때는 힘든 줄도 몰랐어요. 그냥 살아야 하니까요."

아침 별을 보고 출근하고, 밤 별을 보며 퇴근했다. 그렇게 20년, 30년이 흘렀다. 열심히 살았다는 자부심은 분명히 있다. 하지만 그 성실함이 미래를 위한 기반이 되었는지 돌아보면, 허전함이 남는다. 누구보다 성실했지만, 경제적으로 넉넉하지 않다. 은퇴 후 준비해 둔 것이 없어 불안하고 초조하다. 결국, 열심히만 살았다는 이유로 보상받을 수 없는 현실에 마주하게 된다.

열심히 일했지만 부자가 되지 못했다. 나 역시 그랬다. 직장에서, 학원에서, 맡은 바에 최선을 다했지만, 어느 순간 삶이 내게 질문을 던졌다. 지금 이 노력은 나를 어디로 데려가는가? 목표 없는 성실함은 방향 없는 배처럼 표류할 뿐이다.

이제는 전략적으로 살아야 한다. 지금부터 우리는 삶의 질문을 바꿔야 한다.

'얼마나 열심히 살았는가?'가 아니라,
'무엇을 위해, 어떤 방향으로 살아가고 있는가?'라고.
이제는 내가 가진 자산을 점검해야 한다.
'경험, 지식, 시간, 관계 중 무엇을 활용할 수 있는가?'
'그리고 그것을 어떻게 수익화할 수 있는가?'
'나의 전문성은 누구에게 어떤 가치를 줄 수 있을까?'
이 질문에 명확히 답할 수 있어야, 지식창업이 가능해진다.

브랜드를 만들고, 콘텐츠를 정리하고, 나만의 시장을 설계하는 일, 그 출발점은 바로 지금 내 삶을 점검하는 데 있다. 그동안 해온 일, 배워온 것, 내가 잘하는 것들을 은퇴 이후 수익구조로 전환해야 한다. 지금부터 준비한다면, 10년 후의 삶은 완전히 달라질 수 있다. 열심히만 살았던 과거를 돌아보며 말한다. 앞으로는 다르게 살아야 한다.

이제는 '열심히'가 아니다. 제대로 살아야 할 때다. 은퇴 시기가 점점 빨라지고 있다. 처음부터 은퇴를 권하지 않는다. 처음에는 명예퇴직을 권한다. 명예퇴직을 권한다는 것은 자신이 은퇴해야 하는 시기가 되었다는 뜻이다.

지나온 세월을 천천히 되돌아보게 됐다. '어쩌다 이런 상황까지 몰고 왔을까?' 생각했다. 나도 열심히만 살았다. 아무런 목표 없이 그냥 열심히 살면 된다고 생각했다. 주어진 일을 열심히 했다. 이제는 전략적으로 살아야 한다.

03.
새로운 시작
새로운 미래에 도전한다

점포 창업의 한계를 넘어, 지식 자산으로 다시 서다

남편의 은퇴는 단순한 소득 중단이 아니었다. 가족의 삶의 구조 자체를 변화시키는 신호였다. 준비 없는 은퇴는 누구에게나 위기다. 그로 인해 나 역시 경제적 주체로 다시 설 수밖에 없었다. 남편은 오랜 시간 안정적인 직장생활을 이어왔지만, 변화에 대한 준비는 부족했다. 현실에 안주하며 살아온 세월의 대가는 혹독했다.

그에 반해 나는 비교적 빠르게 움직였다. 몇 년 전, '학원 창업'이라는 선택지를 통해 내 몫의 미래를 준비하고자 했다. 하지만 시간이 흐르면서 한 가지 사실을 절감하게 되었다. 점포 창업은 열심히 만으로는 지속이 어렵다는 냉정한 진실이다.

학원을 운영하며 체득한 사업의 본질

내가 시작한 사업은 흔한 영어·수학 학원이 아니었다. '집중력 훈련'과 '속독 교육'을 결합한 특화 학원이었다. 초등학생부터 성인까지 다양한 연령층을 대상으로, 뉴로피드백 기반의 뇌기능 측정과 뇌파 훈련을 접목한 프로그램을 운영했다.

처음에는 열정으로 가득했다. 나 스스로 속독과 집중력 훈련받으며 변화를 체험했다. 그 경험이 학원 운영의 원동력이 되었다. 성인 수강생의 경우에는 속독 원리에 대한 명확한 이해와 효과에 대한 납득이 선행되어야 했기에, 수업 설계와 커리큘럼 운영에 많은 공을 들였다.

아이들이 등록하면 뇌파 측정을 통해 뇌 기능을 분석하고, 뉴로피드백을 통해 두뇌 활성화를 유도했다. 이는 단순 암기나 문제 풀이를 넘어, 인지력 자체를 향상하는 미래형 교육이라 자부했다. 실제로 학생들의 집중력과 읽기 속도는 빠르게 개선되었고, 학부모들의 만족도도 높았다.

그러나 몇 가지 구조적인 한계에 부딪혔다. 뇌 훈련은 단기 효과가 눈에 띄는 만큼, 일정 수준 향상이 이루어지면 많은 학부모가 수학이나 영어학원으로 전환해버렸다. 기초 학습 능력 향상보다 성적 향상에 초점이 맞춰진 사교육 시장의 현실이었다. 학생의 순환 주기가 짧아지고, 고정 수강생 확보가 어려워지면서 학원 운영의 안정성은 떨어졌다. 광고, 인건비, 임대료 등 고정비는 매달 지속되는데, 매출의 등락은 심해졌다. 점포 기반 창업의 한계를 실감하게 된 순간이었다.

내 경험이 자산이 되는 지점, 지식창업의 출발

학원 경영의 어려움을 겪으며 방향을 다시 고민했다. '처음부터 지식 기반 창업을 선택했더라면 어땠을까?'라는 후회도 들었다. 하지만 지나간 선택을 탓하기보다, 지금부터라도 내가 가진 것을 수익구조로 전환하는 일에 집중하기로 했다. 학원 브랜드는 내 브랜드가 아니기 때문이다. 퍼스널 브랜드를 만들어야겠다고 생각했다.

나는 속독과 집중력 교육에 대한 노하우를 정리하기 시작했다. 책을 읽으며 새로운 시야를 넓혔다. 독서는 곧 글쓰기로 이어졌고, 글쓰기는 자연스럽게 '책 출간'으로 확장되었다. 그렇게 첫 번째 책을 완성했고, 그 과정에서 한국출판지도사 자격증도 취득하게 되었다.

출판지도사는 출판 전반을 기획·운영할 수 있는 전문가로, 개인 출판사 설립부터 출판 코칭, 공저 기획, 강의 활동까지 다양한 수익 창출이 가능하다. 나는 이 자격을 바탕으로 책 쓰기 코칭, 온라인 콘텐츠 제작, 출판 강의 등 여러 분야로 활동을 확장해 나갔다.

한 권의 책은 또 다른 기회를 열었다

기자단 활동, 칼럼 연재, 강의 요청 등 글을 기반으로 한 퍼스널 브랜딩이 가능해졌다. 학원 외부에서 수익을 창출할 수 있는 가능성을 하나씩 확인해갔다. 점포 중심 모델에서 벗어나 1인 기업으로, 학원 운영만으로는 지속 가능성이 낮다는 것을 확신하게 된 이후, 나는 방향을 완전히 전환했다. 점포 중심 창업이 아니라, 지식 중심의 1인 기업 모델로 이동한 것이다. 이 과정에서 몇 가지 기준을 세웠다.

첫째, 초기 비용이 적고 고정비가 없는 구조.
둘째, 내가 잘하는 일을 활용할 수 있는 구조.
셋째, 시간과 장소에 구애받지 않는 유연한 구조.

그 결과가 바로 1인 지식창업이었고, 이후 나는 다음 세 가지 원칙을 바탕으로 1인 회사를 설계했다.

시작: 소자본, 무점포 기반의 1인 창업으로 진입하라.
지속: 나만의 콘텐츠를 바탕으로 반복할 수 있는 수익 시스템을

구축하라.

성장: 나의 브랜드를 확립하고, 평생 지속 가능한 1인 회사를 완성하라.

이러한 구조를 갖추고 나니, 인건비나 운영비에 대한 부담 없이 유연하게 확장할 수 있었다. 수익의 질과 안정성 또한 점차 개선되었다. 과거 학원 가맹비와 인테리어에 들였던 비용이 아깝지 않을 만큼, 나 자신에게 투자한 시간이 진정한 자산이 되었음을 실감했다.

지적 자산이 나를 살린다
점포 창업에는 반드시 공간과 사람이 필요하다. 이에 따른 리스크는 고정비로 돌아온다. 하지만 지식창업은 다르다. 내가 가진 경험과 노하우, 콘텐츠가 자산이 되어 스스로를 고용하고, 스스로를 성장시킨다.

학원 가맹비를 투자하느니, 나 자신에게 투자하라. 그것이야말로 대체 불가능한 자산이다. 어떤 경제 위기 속에서도 다시 일어설 수 있는 기반이 된다. 이제 나도 시니어 은퇴설계를 고민할 나이가 되었다. 지나온 시간은 되돌릴 수 없다. 앞으로의 방향은 선택할 수 있다. 가장 확실한 방법은 지금부터라도 나의 지식과 경험을 구조화된 자산으로 만드는 일이다. 새로운 시작은 어렵지만, 미래는 그 안에 있다. 지금부터라도, 지혜롭게 배우고, 전략적으로 선택하고, 유연하게 도전해야 한다. 시작하고, 지속하고, 성장하라. 그것이 지식창업 시대, 은퇴 후 삶의 해답이다.

04.
점포 창업은
얼마나 돈을 벌까?

　창업을 고려하는 많은 이들이 한 번쯤은 우리 동네에 있는 편의점을 눈여겨본 적이 있을 것이다. 어느 날 문득 사람들이 끊임없이 드나드는 모습을 본다. 편의점은 안정적인 수익을 보장하는 사업이 아닐까 하는 착각이 들기도 한다. 하지만, 실상은 다르다. 한동안 독점적으로 운영되던 편의점 앞에, 더 큰 규모와 다양한 편의시설을 갖춘 경쟁 매장이 등장하면 상황은 급변한다. 소비자들은 언제나 더 나은 편의를 찾아 이동하기 마련이다. 과거에는 한 곳만 찾던 고객들이 이제는 선택지를 늘린다. 원하는 상품이 없으면 자연스럽게 경쟁 매장으로 이동한다.
　이러한 시장의 냉정한 현실은 소상공인의 처지에서 무력감을 안겨준다. 대형 프랜차이즈 본사의 강력한 마케팅과 운영 시스템 앞에서, 개인이 운영하는 점포는 방어가 쉽지 않다. 겉으로 보기에 북적이는 매장도 이면을 들여다보면, 매출 감소와 고정비 부담이라는 복합적 위험에 시달리고 있다.
　자영업의 가장 큰 한계는 고정비 부담이다. 매출이 감소하더라도 임대료, 관리비, 인건비는 매달 빠짐없이 지출된다. 손익분기점을 넘지 못하면 적자는 눈덩이처럼 불어난다. 투자금 회수는 기약 없이 늦춰진다. 자유를 얻기 위해 창업을 선택했지만, 실제로는 시간적, 정신적 구속이 훨씬 더 심화하는 경우가 대부분이다. 주말과

공휴일은 오히려 더 바쁜 경우가 많다. 매장 문을 열고, 닫는 모든 과정에 사업자가 직접 관여해야 하며, 일상 전체가 매장 중심으로 재편된다. 이에 따라 건강, 가족 관계, 개인 시간 등이 심각하게 침해될 수 있다.

카페 창업의 현실

사람들은 로망처럼 꿈꾸는 또 하나의 창업 분야는 카페다. '작은 카페 하나 차려 여유롭게 커피를 내리고 손님을 맞는 삶'을 상상하지만, 실제 운영 현실은 이상과 거리가 멀다. 도심 한복판 작은 카페가 점심시간마다 줄을 서는 풍경은 매력적이다. 그러나 동일 상권 내에 더 크고 세련된 인테리어를 갖춘 대형 카페가 등장하면, 고객들은 순식간에 이동한다. 매장 규모, 좌석 수, 공간의 편의성이 경쟁력이 되는 것이다.

한 번 이탈한 고객을 되돌리기는 어렵다. 자연스레 매출은 감소하고, 운영 압박이 시작된다. 작은 카페를 열 때 드는 실내장식 비용, 임대보증금, 초기 투자금은 적지 않다. 여기에 고정비 부담까지 고려하면, 커피 몇 잔 더 판다고 해서 쉽게 수익을 내는 구조가 아니다. 도심을 걸으며 빈 점포에 '임대 문의' 현수막이 걸리고, 또 다른 카페가 들어섰다가 몇 달 만에 사라지는 광경을 어렵지 않게 볼 수 있다. 임대료가 비싼 상권에서는 1~2년 내 폐업하는 사례가 비일비재하다. 단순히 창업을 실행하는 것보다, 장기적으로 안정적인 수익을 확보하는 것이 훨씬 더 어렵다. 매출이 아니라, 수익을 남길 수 있는 구조를 만들지 못하면 아무리 매장에 사람이 많아 보여도 생존이 어렵다.

카페 창업 실패 시간, 건강, 돈을 모두 잃는다

한 지인은 대학가 인근에 작은 카페를 열었다. 처음에는 친구와 함께 운영할 계획이었지만, 예상치 못한 사정으로 혼자 매장을 맡게 되었다. 커피에 큰 애정이 있던 것도 아니었다. 단지 직장생활을 그만두고 자유로운 삶을 꿈꿨다. 하지만 현실은 달랐다. 매일 12시간 넘게 매장을 지켜야 했다. 팥빙수 시즌에는 종일 쉴 틈 없이 일해야 했다. 긴 출퇴근 거리까지 겹쳐 결국 근처 고시원에서 생활하게 되었다. 고시원 생활은 식생활이 어려웠다. 열악한 환경 속에서 건강은 급속도로 나빠졌다.

아르바이트 직원을 고용했다. 현금 결제가 많던 시절이라 매출 누락에 대한 불신이 생겼다. 심리적 스트레스는 오히려 가중되었다. 직접 모든 일을 감당하자 손에 습진이 생겼다. 정신적 번 아웃이 찾아왔다. 결국 그는 몇 개월 만에 매장을 정리했다. 다행히 큰 빚을 지기 전에 철수했지만, 그는 경험을 통해 명확히 깨달았다.

"카페는 시간도, 건강도, 돈도 앗아갔다. 월급을 주던 직장보다 훨씬 더 가혹했다."

그는 이후 카페 창업을 꿈꾸는 이들에게 조심스럽게 충고한다.

"웬만하면 하지 말 것."

창업, 사업은 자유를 얻기 위한 수단이어야 한다. 많은 통닭집, 무인 매장 역시 유사한 패턴을 반복한다. 잘 되는 몇몇을 제외하면 대다수는 1~2년을 넘기지 못하고 폐업한다. 사업은 단순한 수익 창출이 목적이 아니다. 삶의 자유를 얻기 위해, 그리고 경제적 안정성을 확보하기 위해 시작해야 한다. 그렇지 않으면 사업은 오히려 인생을 갉아먹는 덫이 될 수 있다. 따라서 창업은 크게 시작할 필요가 없다. 작게 시작해 검증하고, 성장 가능성이 확인된 뒤에야

규모를 확장하는 게 현명하다. 초기에는 리스크를 최소화하고, 자신을 사업의 노예가 아니라 주인으로 세워야 한다.

자영업 창업, 식당은 왜 1년을 넘기기 어려운가

거리를 걷다 보면 늘 새로운 식당이 문을 연다. 깔끔한 인테리어, 매력적인 메뉴, 화려한 오픈 이벤트로 한껏 기대를 모은다. 그러나 몇 달 뒤, 그곳에 다시 지나가 보면 임대 문의 현수막이 걸려 있는 경우를 자주 목격하게 된다.

식당 창업은 자영업 분야에서도 진입장벽이 낮아, 은퇴 후 도전하는 영역이다. 하지만 그만큼 생존 경쟁도 치열하다. 한국은행과 통계청 자료에 따르면, 식당 창업자의 약 60%가 1년 이내에 폐업하는 것으로 나타났다. 소규모 개인 식당은 상품 인지도나, 마케팅 자원이 부족해 상권 변화, 소비자 트렌드, 경기 침체 등 외부 변수에 극도로 취약하다.

처음 문을 열 때는 지인들이 방문하고, 지역 주민들의 호기심이 매출이 올라간다. 그러나 이내 새로움은 사라지고, 본격적인 경쟁이 시작된다. 소비자들은 조금 더 맛있는 곳, 조금 더 편리한 곳으로 빠르게 이동한다. 거기에 고정비는 끊임없이 지출된다. 임대료, 인건비, 재료비, 공과금, 각종 세금까지 감당해야 할 비용은 전혀 만만치 않다.

또한 식당은 매출이 들쑥날쑥하여서 안정적인 현금 흐름을 유지하기 어렵다. 비수기가 오거나 경기 불황이 겹치면 단기간에 적자가 누적된다. 결국 자금 부족으로 폐업에 이르게 된다. 식당 창업자는 본격적으로 수익을 내기도 전에 체력과 자금이 고갈되는 경우가 많다. 매장을 유지하기 위해, 새벽부터 재료를 준비하고, 밤

늦게까지 손님을 맞이한다. 막상 손에 쥐는 수익은 기대에 크게 못 미친다. 시간과 노력, 심지어 건강까지 투자했음에도 불구하고 결국 손익분기점에 도달하지 못한다. 특히, 대형 프랜차이즈와의 경쟁은 치명적이다. 규모의 경제를 기반으로 하는 프랜차이즈는 인테리어, 마케팅, 물류 시스템 등 모든 면에서 개인 식당보다 우위를 점하고 있다. 소비자 역시 일정한 품질과 가격대를 기대한다. 브랜드 인지도가 낮은 개인 식당은 생존 자체가 벅찰 수밖에 없다.

나만의 맛집을 만들겠다는 꿈만으로 뛰어든다면, 결과는 참담할 수 있다. 실제로 많은 식당이 인테리어와 초기 마케팅에 큰 비용을 투자한 뒤, 매출이 따라주지 않아 6개월 만에 폐업을 고민하고, 1년을 넘기지 못하고 문을 닫는다.

사업은 꿈이 아니라 현실이다

식당 창업을 비롯한 모든 자영업은 단순히 좋아하는 일이나 로망만으로 성공할 수 없다. 시장의 냉혹한 논리를 읽어야 한다. 초기 투자금을 최소화하고, 철저한 운영 전략과 생존 계획을 세워야 한다. 사업은 꿈을 펼치는 무대이기도 하지만, 무엇보다도 생존을 전제로 해야 한다. 버텨야 성장할 수 있다. 이 단순한 진리가 자영업 생태계에서는 냉혹한 현실이다. 자영업을 고려하는 시니어라면, 반드시 다음과 같은 질문을 스스로 던져야 한다:

이 사업이 수익을 낼 수 있는 구조인가?
시장 경쟁은 얼마나 치열한가?
고정비 부담을 몇 달 동안 감당할 수 있는가?
최악의 상황이 왔을 때 빠르게 철수할 수 있는가?

이런 질문에 명확한 답을 준비하지 못했다면, 창업보다 더 현실적인 대안을 고민하는 것이 바람직하다. 자영업은 쉽게 시작할 수 있지만, 쉽게 포기할 수 없는 무거운 책임이 따른다는 점을 반드시 명심해야 한다.

100세 시대, 은퇴는 빨리 준비해야 한다

이제 100세 시대는 현실이다. 직장생활은 인생 전체 중 일부에 지나지 않는다. 심지어 신의 직장이라 불리는 곳조차 평생을 보장해주지 않는다. 물가는 상승하고, 소비는 늘어난다. 부채 부담은 커지고, 노후 준비는 더 어려워진다. 갑작스러운 실직은 가정을 위태롭게 하고, 안정적인 소득원 없이 맞는 은퇴는 재앙이 될 수 있다. 40대 초반부터 은퇴설계를 시작해야 한다.

직장생활이 5년 이상 지속되었다면, 이제는 내 일을 준비할 때다. 직장생활을 통해 얻은 경험과 전문성을 바탕으로 내 브랜드를 만들어야 한다. 나만의 수익구조를 설계하고 50년 은퇴 인생을 위한 기반을 쌓아야 한다.

Ch 2.

100세 시대 은퇴 세대의 현주소

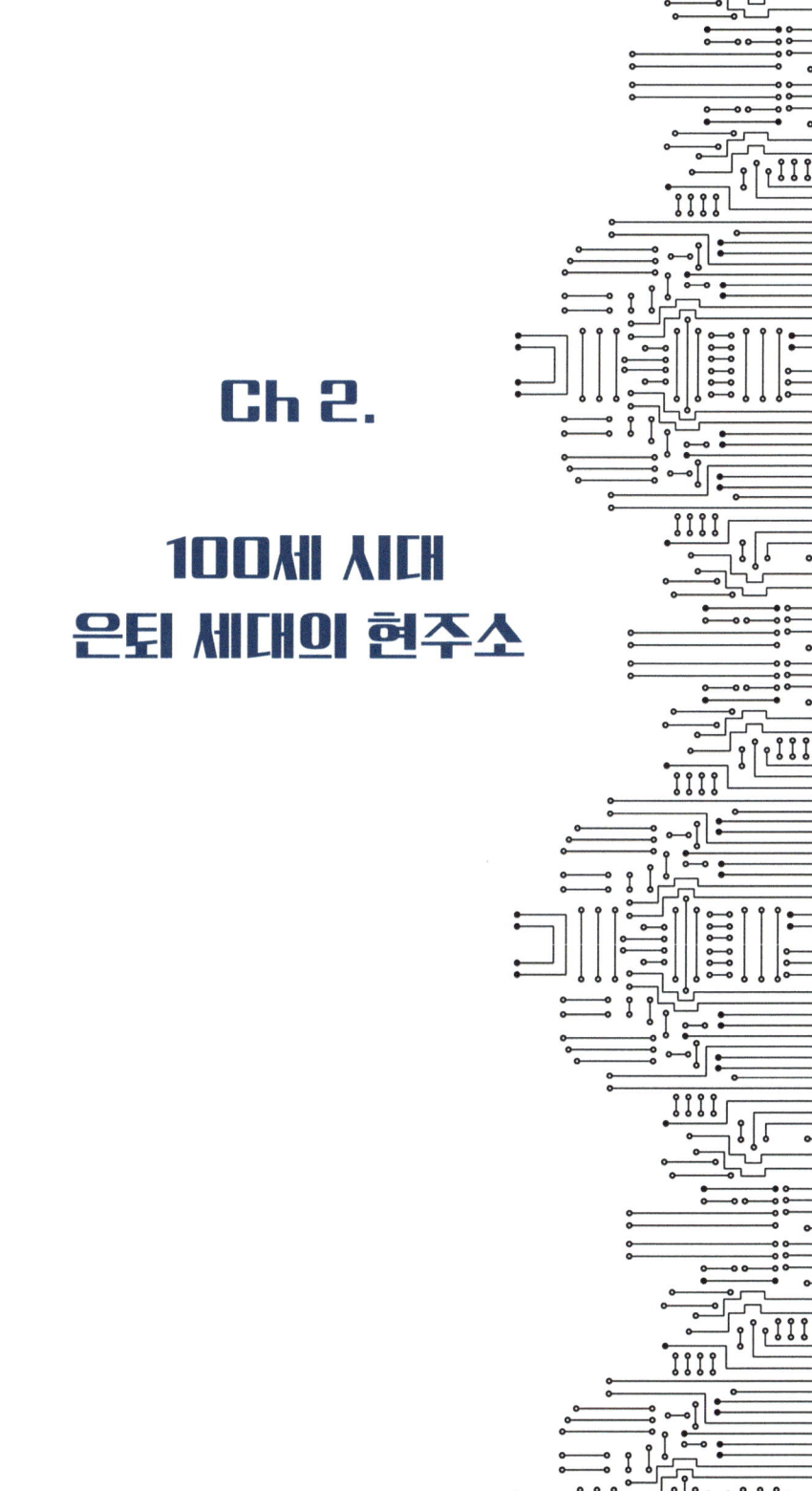

01.
시니어 은퇴 10명 중 7명 비자발적 퇴직

100세 시대를 맞이한 지금, 은퇴 세대의 현실은 과거와 비교할 수 없을 정도로 달라졌다.

중장년층의 은퇴는 대부분 자발적인 선택이 아니다

전국경제인연합회(전경련) 중장년 일자리 희망센터가 2022년에 발표한 조사에 따르면, 40세 이상 중장년 구직자의 약 70%가 본인의 의사와 무관하게 일자리를 잃었다. 퇴직 사유로는 권고사직, 명예퇴직, 정리해고, 계약 종료 등이 가장 많았다. 이어 사업 부진, 휴·폐업, 코로나19로 인한 경영 악화가 원인으로 나타났다. 이들은 여전히 노동시장에 남아 있기를 원한다. 조사에 따르면 중장년층은 평균적으로 69세까지 일하기를 희망했다. 절반에 가까운 응답자가 70세 이후에도 계속 일하고 싶다고 답했다. 이는 과거보다 은퇴 희망 나이가 다소 낮아진 수치로, 고용 환경 변화와 경제적 압박을 반영하고 있다. 재취업을 원하는 이유는 분명하다. 생활비, 자녀 교육비 등 경제적 필요가 가장 큰 비중을 차지했다. 그 외에도 일하는 즐거움이나 건강 유지, 축적된 전문 지식과 경험을 사회에 환원하고자 하는 의지도 확인됐다. 하지만 재취업은 쉽지 않다. 기존 경력과 다른 직종으로 전향하려는 이들이 절반을 넘었다. 이는 기존 전문성을 살릴 수 없는 현실을 보여준다. 연령 제한과 고용시장의 변화가 그 주요 원인이다. 또한 장기실업 상태에 놓인 사람들도 많다. 6개월 이상 일자리를 찾지 못한 중장년 구직자가 많았으며, 이는 심리적·경제적 부담을 가중하고 있다. 재취업 시 희망하는 월급 수준은 과거에 비해 다소 상승했지만, 여전히 생계비를 충족하기에는 부족한 경우가 많다.

전경련은 중장년층이 경직된 고용 인식에서 벗어나 다양한 직종과 직무에 열린 태도로 접근할 필요가 있다고 강조했다.

선행연구 분석을 바탕으로 남녀 고령자의 고용, 취업실태를 분석하고 정책적 제언을 도출할 수 있도록 연구 분석 내용을 설계했다. 2021년 50세 이상 고령층 인구 60%가 경제활동에 참여 중이며, 여성 고령층 인구 고용률은 약 49.7%로 남성 고용률 70.9%에 비해 약 21.2% 낮은 것으로 나타났다. 남녀 각각의 연령대별로 고용률 추이를 살펴본 결과, 전체 고령층 인구 중 50대 전반 남성의 고용률이 해당 기간 87% 이상으로 가장 높았다. 70대 후반 여성의 고용률은 가장 낮은 수준으로 유지된다. 그러나 해당 동안 고용률의 증가 추세는 70대 후반 여성의 경우가 연평균 증가율 약 4.5%로 가장 빨랐다. 해당 동안 고령층 전 연령대에 여성의 고용률이 남성 고용률보다 평균적으로 빠르게 증가하고 있다.

노령의 여성화, 고용정책의 전환이 필요하다

우리 사회는 초고령화로 빠르게 나아가고 있다. 그 속에서 주목할 변화는 노령의 여성화 현상이다. 통계에 따르면 전체 고령인구 중 여성의 비율이 꾸준히 증가하고 있다. 65세 이상 고령자 중 여성은 절반을 훌쩍 넘는다. 75세 이상에서는 여성 비중이 더욱 높아진다. 이는 단순한 인구 비율을 넘어 정책적 의미가 있다. 고령 여성은 이제 더 이상 단순한 부양의 대상이 아니다. 그들은 경제적 자립의 주체이자, 사회에 이바지할 수 있는 중요한 인적 자원이다. 정부는 이러한 변화를 반영하여 노인 일자리 정책을 확대해왔다. 2016년 42만 개였던 노인 일자리는 2021년 80만 개로 두 배 가까이 늘어났다. 직접 일자리뿐만 아니라 직업훈련, 창업 지원, 고용 서비스 등 다양한 방식으로 고령자 고용을 지원하고 있다. 하지만 여전히 한계는 존재한다. 고령자의 사회문화적 다양성은 늘고 있지만, 정책은 획일적이다. 여성 고령자, 저소득층, 기술 퇴직자 등 다양한 고령층의 특성을 반영한 맞춤형 지원은 미흡한 상황이다.

만 50세 이상을 대상으로 한 많은 프로그램이 사실상 남성 퇴직자를 중심으로 설계되어 있다. 여성 고령자는 여전히 정책의 사각지대에 머물러 있는 경우가 많다. 정부가 강조하는 적극적 노동시장 정책에서도 고령자의 참여율은 낮은 편이다. 2021년 재정지원 일자리 사업 참여자 중 65세 이상 고령자는 약 110만 명이었다. 이 중 대부분은 단기 일자리 사업에 집중되어 있었다. 직업훈련이나 고용 서비스 참여는 제한적이었다. 고용노동부는 이러한 현실을 인식하고 고령자 고용정책의 질적 전환을 모색하고 있다. 실제 현장에서는 여전히 직접 일자리에 치우친 지원이 이루어지고 있다. 다양한 참여 통로를 마련할 필요가 있다.

고령층 고용의 현실과 과제

고령층의 경제활동 참여율은 꾸준히 증가하고 있다. 2021년 기준으로 50세 이상 고령층 인구의 60%가 경제활동에 참여했다. 그러나 성별에 따라 격차가 존재한다. 남성 고령층의 고용률은 70%를 넘지만, 여성 고령층의 고용률은 50%에도 미치지 못했다. 20%

이상의 차이는 여전히 구조적 문제를 드러낸다. 연령대별로 보면, 50대 초반 남성의 고용률이 가장 높았다.

반대로 70대 후반 여성의 고용률은 가장 낮았다. 이는 생애주기별 경제활동 특성과 사회적 지원 구조의 차이를 반영한다. 흥미로운 점은 고용률 증가 속도다. 70대 후반 여성 고령층의 고용률은 매년 4% 이상 증가하고 있다. 전체 고령층 중에서도 가장 빠른 상승세다. 이는 고령 여성들이 경제활동 참여 의지가 강하다는 것을 보여준다. 또한 과거보다 건강 상태가 개선되고, 삶에 대한 주도성이 강해진 결과이기도 하다. 따라서 향후 고령자 고용정책은 남성과 여성, 세대별 특성을 모두 반영해야 한다. 일률적인 정책이 아니라, 세분된 맞춤형 접근이 필요한 시점이다. 고령사회는 단순히 인구구조의 변화가 아니다. 우리가 모두 맞이할 미래이며, 지금부터 준비해야 할 과제다.

고령자 고용 환경 변화와 개인의 전략적 대응

고령자의 고용 환경은 단순히 일자리가 없다는 문제로 설명하기 어렵다. 오늘날의 시니어 세대는 과거와 달리 건강 수준이 높아졌다. 교육 수준도 향상되었다. 경제적·사회적으로 더 많은 경험과 역량을 갖추고 있다. 그러나 이들이 노동시장에 진입하려 할 때 마주하는 현실은 여전히 녹록지 않다.

첫째, 고령자에 대한 사회적 인식이 여전히 개선되지 않았다.

많은 기업은 고령 근로자를 생산성 낮은 인력으로 간주하거나, 조직문화에 융화되기 어렵다는 편견을 갖는다. 빠르게 변화하는 디지털 기반 업무환경은 고령자 배제 현상을 더욱 심화시키는 요인으로 작용하고 있다.

둘째, 고용의 유연성 확대가 오히려 고령층에게는 불리하게 작용하는 측면도 있다.

비정규직, 계약직, 단시간 일자리의 비중이 높아지면서, 고령자의 재취업이 안정된 형태가 되기 어렵다. 지속할 수 있는 고용보다는 단기성·보완성 노동력이 되기 쉬운 구조다. 이에 따라 고령자들은 생애 후반기의 소득 기반을 안정적으로 마련하지 못한 채, 반복적인 퇴직과 구직을 오가게 된다.

셋째, 현재 제공되는 고용 지원정책은 실효성에서 여전히 의문이 남는다.

일자리 수를 늘리는 데는 일정 부분 성공했지만, 고용의 질이나 개인의 경력성과 연계된 고부가가치 일자리는 부족하다. 단순 노무형 일자리에 집중된 구조는 고령자의 잠재력과 역량을 제대로 활용하지 못하는 결과를 초래하고 있다. 고령자 개인 역시 단순한 구직자가 아니라 고용 주체로서의 태도 전환이 필요하다. 단순히 일자리를 찾기보다는, 자기 경력을 재해석하고, 축적된 경험을 재구성하여 지속할 수 있는 수익모델을 창출하려는 접근이 중요하다.

주목할 방식 중 하나가 지식 기반 창업이다

강의, 자문, 콘텐츠 제작, 상담 활동 등은 고령자들이 무리 없이 수행할 수 있는 분야다.

또한 시간과 장소의 제약 없이 유연하게 설계할 수 있어 신체적 부담이 적다. 경험 중심의 역량을 그대로 살릴 수 있다. 정부 역시 이러한 흐름에 맞추어 유형화된 지원정책을 설계해야 한다. 단기 일자리 제공을 넘어, 고령자가 자신의 전문성을 기반으로 창업하거나 프리랜서로 활동할 수 있는 생태계를 조성할 필요가 있다. 디지털 역량 강화, 비대면 콘텐츠 활용법, 브랜딩과 마케팅 교육 등 실질적인 역량 중심 프로그램이 확대되어야 한다. 정책은 나이 기준으로 단순히 고령자라는 범주로 묶을 것이 아니다. 성별·교육수준·경력단절 여부 등 다양한 요인을 고려한 맞춤형으로 진화해야 한다.

은퇴 세대는 더 이상 수동적 돌봄의 대상이 아니다

그들은 스스로 선택하고, 결정하고, 사회에 이바지할 수 있는 역량을 가진 경제 주체다. 100세 시대를 사는 지금, 고령자의 고용은 단순한 생계의 문제가 아니다. 존엄한 삶, 사회적 연결, 자기실현의 문제다. 그리고 그것은 이제 더 이상 정책만으로 해결될 수 없다. 개인의 주도적인 준비와 사회의 열린 수용 구조가 함께 만들어 가야 할 과제다.

02.
시니어 은퇴 후 경력 실태조사

100세 시대에 접어들었다. 고령 세대의 은퇴 이후 경력 변화는 점점 복잡하고 다양해지고 있다. 서울시50플러스재단과 관련 연구기관들의 실태조사 결과를 종합하면, 은퇴 이후 시니어들은 여러 가지 경력 경로를 밟으며 제2의 삶을 설계하고 있다. 우선 가장 큰 비중을 차지한 경력 유형은 '중소기업 정규직 유지형'이다. 조사에 따르면 이 유형은 전체 시니어 중 약 38%를 차지했다. 이들은 30세 전후에 첫 직장에 입사해, 평균적으로 48세 무렵 퇴직하는 경향을 보였다. 대부분 중소기업 정규직으로 장기간 재직하다가, 퇴직 후 공공기관이나 개인 사업체로 경력을 전환하는 경우가 많았다. 남성과 여성 비율은 대략 6대 4로 나타났다. 두 번째로 비중이 높은 그룹은 대기업 재직 후 자영업 이동형이다. 전체의 20%가량을 차지했으며, 대기업 정규직 근무 후 개인 사업체를 창업하거나, 자영업으로 전환하는 경향을 보였다.

이 그룹은 대졸 이상 학력자의 비중이 절반 이상으로 높았다. 주된 일자리를 평균 30세에 시작해 47세 전후에 퇴직했다. 또 다른 경력 유형으로는 중소기업 재직 후 자영업 이동형이 있다. 14% 정도를 차지하는 이 그룹은 대체로 28세 무렵 첫 직장을 시작했으며, 40세를 전후해 퇴직했다. 남성보다 여성 비중이 높은 특징을 보였다. 약 8년 정도의 경력 공백을 거친 뒤 다시 자영업이나 프리랜서로 노동시장에 복귀하는 경향이 있었다.

서울시 중장년
생애경력 경로 유형화

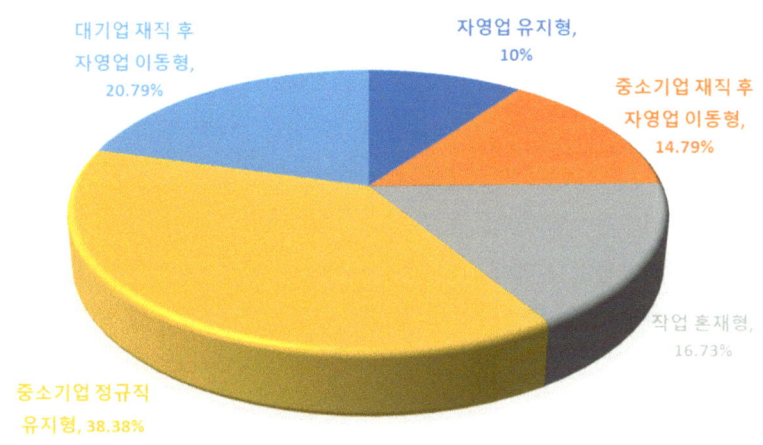

출처 : 서울50플러스재단

자영업 유지형도 주목할 만하다

전체의 10%를 차지했다. 주된 일자리 자체가 처음부터 개인 사업체나 자영업 형태였다. 또한 직업 혼재 형이라는 독특한 경력 경로도 관찰되었다. 이 그룹은 중소기업, 자영업, 정규직 고용 형태가 균형적으로 혼합되어 있었다. 여성 비율이 95% 이상으로 압도적으로 높았다. 대졸 이상 학력 비율은 상대적으로 낮았다.

진로 준비 행동 유형: 생계형, 창작 추구형, 활동 추구형

은퇴 이후의 경력 전환만큼 중요한 것은 진로 준비 행동이다.

고령 세대가 은퇴 후 새로운 삶을 어떻게 설계하고 준비하는지를 심층 분석한 결과다. 크게 세 가지 그룹으로 구분할 수 있었다.

가장 큰 비중을 차지한 것은 창작 추구형이었다. 전체의 64%를 넘는 이들은 기존 노동시장에 단순히 재취업하는 대신, 자기 경험과 전문성을 살려 새로운 일을 창출하고자 하는 경향이 뚜렷했다. 창업, 창작에 대한 요구가 강했다. 다양한 사회관계망을 적극적으로 활용하여 기회를 모색하는 모습을 보였다. 실제로 서울시 및 재단이 운영하는 사회공헌형 일자리나 교육 프로그램에 참여한 뒤, 커뮤니티 활동이나 협동조합 설립 등으로 이어지는 경우가 많았다.

대표 사례로, 10여 년 동안 가정주부로 경력단절을 겪었던 이난영 씨는 50+보람 일자리 사업에 참여한 후 생애 설계 전문 강사로 성장했다. 현재는 1인 기업 더 쓰임 라이프 연구소를 운영하고 있다. 또 다른 사례로, 과거 IT 분야에서 일했던 홍은표 씨는 60세 이후 여행과 과거 경력을 접목시켜 인디라이프라는 여행 전문 회사를 창업했다. 그는 여행 책자 발간과 여행 컨설팅 사업을 통해 제2의 인생을 성공적으로 시작했다.

생계형과 활동 추구형과 대비되는 경로는 생계형이다. 두 번째로 큰 그룹은 생계형이었다. 전체의 약 25%를 차지했으며, 비자발적 퇴직 비율이 가장 높았다. 이들은 생계유지를 위해 재취업을 희망하는 경우가 많았다. 주변 지인을 통해 일거리를 얻는 비율이 높아, 취업 지원기관보다는 인맥을 통한 재취업이 일반적이었다. 이와 대조적으로 '활동 추구형'은 11% 정도를 차지했다. 이들은 재취업을 목적으로 하지 않고, 사회공헌 활동이나 봉사활동, 학습활동을 통해 자아존중감을 유지하고자 했다. 생활비에 대한 부담은 비교적 적었으며, 주된 일자리에서 높은 전문성과 학력을 가진 경우가 많았다. 50+세대의 이러한 다양한 경력 전환과 진로 준비 양상은, 은퇴 후 삶이 단순히 경제적 생계 문제만이 아니라, 자아실현과 사회적 역할의 문제로 확장되고 있음을 보여준다.

생애 주된 일자리 퇴직 이유

한편, 생애 첫 주요 직장을 떠난 이유를 살펴보면 직장 내 스트레스가 가장 많다. 직장 상사나 동료와의 관계 갈등, 과도한 업무 부담이 주요 이유로 나타났다.

남성은 주로 스트레스나 건강 문제를 퇴직 사유로 꼽았고, 여성은 개인 사정이나 여가 생활 추구를 선택하는 비율이 상대적으로 높았다.

여성은 본인의 여가를 위해 퇴직했다는 응답이 30%에 달해 남성(2%)보다 압도적으로 많았다. 이는 남성과 여성의 삶의 방향성과 가치관이 은퇴 이후에도 다르게 나타나는 현상을 반영한다. 퇴 후 경력 실태는 과거보다 훨씬 다층적이고 유연해지고 있다.

퇴직은 끝이 아니라 새로운 시작이다

창직, 사회공헌, 생계형 재취업 등 다양한 경로를 통해 시니어 은퇴 후 제2의 인생을 설계하고 있다. 앞으로의 은퇴설계는 단순한 일자리 제공을 넘어, 개별 경력과 삶의 목표를 존중하는 맞춤형 지원으로 나아가야 한다.

그리고 시니어 개인 역시, 자기 경험과 가치를 스스로 재구성하여, 경제적 자립과 삶의 의미를 동시에 실현하는 전략을 준비해야 할 것이다.

03.
시니어 은퇴 후 창업 실태조사

최근 시니어 은퇴 후 창업이 주목받고 있다

시니어 창업이 뜨거운 단어다. 청년창업 정도는 아니지만, 시니어 일자리 대안으로 많은 관심과 노력이 이루어지고 있다. 정직하게 생각해 보면 창업이 시니어 일자리의 대안이라는 점은 확실하지는 않다. 새로운 사업을 통해 일자리가 창출되는 것은 맞다. 사업으로서 가능성과 현실성을 갖추는 것이 먼저다. 그래서 시니어 은퇴 후 창업의 가능성에 대한 상세한 검토가 필요하다. 단지 열정만으로 사업이 완성되지는 않는다. 나이가 창업의 제약요인은 아니지만, 창업자의 역량과 사업에 요구되는 여러 가지 필요조건에 대한 구체적인 분석이 필요한 이유이다.

시니어 창업은 두 가지 요건이 필요한 사안이다.
사업 자체의 요건
시니어의 기업가적 역량

사업 자체의 요건을 길게 설명하지는 않겠다. 사회적 수요를 만들 수 있고 분명한 고객가치가 있을 때 사업이 만들어진다는 점만을 강조하겠다. 시니어의 기업가적 역량은 다음 질문에 대한 대답을 말한다.

열정을 갖고 사업을 계속할 만한 의지가 있는가?
사업에 필요한 지식과 전문성, 역량을 갖추고 있는가?
실패의 위험에 대한 대비가 되어 있는가? 혹은 대비하는 전략과 준비가 있는가?

시니어 은퇴 후 창업이라고 해서 청년창업에 비해 더 어렵다고 생각하는 것은 편견이다. 청년만큼 체력과 열정이 부족하다는 지적은 선입견이다. 반면에 시니어가 가진 우위 요인으로서 시니어의 지식과 전문성을 내세우는데, 이것도 청년보다 나을 이유는 없다. 전문성이란, 그 자체가 중요하기보다는 사업에 따라 어떤 전문성이 필요한가에 따라 달라지기 때문이다. 예를 들어 치킨집을 하는데 시니어 기업가가 청년 기업가에 비해 낮다거나 뛰어나다고 말할 수 있는 근거는 없다. 은퇴 후 기업가적 역량에서 특별히 다른 점은 있다. 그것은 시니어가 가진 지식과 자원이 제약요인으로 작용할 수 있다는 점이다. 먼저 어느 정도의 자금력은 사업을 전개하는 과정에서 안일함과 낙관적 기대를 유도하기도 한다. 아울러 인적 네트워크, 과거 성공의 경험이 그런 유인이 되기도 한다. 정년퇴직하고 사업에 뛰어들었다가 어려움을 겪은 사람이 많다. 이러한 원인이 만만치 않다는 점을 입증한다. 성공의 경험, 오랜 사회 경험이 자신감을 주는 것은 좋지만, 사업에 따른 기회와 위험에 오판하게 만든다. 이것이 시니어 은퇴 후 창업의 계곡이다.

즉, 과거의 전문성을 기반으로 하는 창업은 위험이 크다고 말할 수 있다. 창업은 전혀 새로운 영역이다. 만일 시니어가 창업 경험이 없다면 시니어는 사업에서는 철저하게 주니어다. 조직에서 아무리 높은 지위에 있었다고 하더라도 창업가의 일은 조직 구성원으로서 했던 역할과는 다르기 때문이다.

한편으로 기술 기반 창업에는 다른 맥락이 있다. 가치가 있는 기술 역량, 혹은 기술 활용 역량이 있다면 이를 바탕으로 창업을 하는 것은 가능성이 있다. 시장에 가치가 있는 상품을 제공할 수 있는 기술력은 사업 성공에 중요한 자산이 되기 때문이다. 시니어 창업이 활발한 미국 사례를 보면 대체로 성공한 시니어 기업가는 기술 역량을 기반으로 창업한 사람들이다. 나에게 뛰어난 상품을 만들 수 있는 기술자원이 있는가를 물어볼 필요가 있다. 만일 그렇다면 창업을 통한 성공 가능성은 적지 않다. 결론적으로 시니어 은퇴 후 창업은 매우 현실적이고 실제적인 영역이다. 창업 실패의 가능성이 시니어라고 해서 큰 것이 아니다. 다만, 기업가적 역량이라는 관점에서 시니어가 갖춘 경험과 전문성에 관한 판단을 객관적으로 철저하게 해야 한다. 시니어 창업 사례에서 실패가 많은 이유는, 여러 가지지만 사업 성공의 핵심 요소인 기업가적 역량에서 판단 잘못이 있었기 때문이다. 창업은 역할이 아니라 경영과 사업이라는 두 가지 역량에서 뛰어나야만 한다.

백종원의 골목 상권 살리기 프로그램을 보면, 많은 자영업자가 상당수 주인공은 중년을 넘어선 사람들이다. 그들의 의지에 비해 왜 결과를 못 내는가를 잘 말해준다. 그 업에 맞는, 그 사업에 맞는 역량이란, 내가 하는 일이 떡볶이이든, 이탈리안 고급 요리든 수준이 다르지 않다. 다만 시장 규모가 다를 뿐이다. 사업은 그 상품을 원하는 고객들을 만족시켜야 하고, 최고를 원한다면 그 분야에서 탁월해야 한다.

창업은 새로운 것이다. 기업가가 새롭지 않다면 그 업은 새롭지 않다. 창업의 위험을 과장할 필요는 없지만, 결코 창업이 만만치 않다는 점을 항상 기억해야 하는 이유다.

길은 만들어진다

신종 코로나바이러스 감염증 (코로나19)로 경제침체 우려가 계속되는 가운데 은퇴한 중장년층 10명 중 3명은 자영업자로 변신한 것으로 나타났다. '퇴직자의 무덤'으로도 불리는 자영업에 나선 이들의 전 직장 퇴직 나이는 50세에도 못 미쳐, 일자리 나누기와 정년 연장과 같은 대책이 있어야 한다는 지적이다. 27일 서울시50플러스재단이 지난해 서울에 거주하는 만 50~64세 806명을 대상으로 일자리 실태를 조사·분석한 결과에 따르면, 대기업과 중소기업에 다니다가 자영업자가 된 비율은 각각 20.8%, 14.8%로 조사됐다. 자영업을 계속해온 비율(10.0%)까지 합하면 이들 세대 100명 중 45명이 자영업을 하고 있다는 뜻이다. 나머지는 중소기업 정규직 유지형(38.2%), 중소기업 재직과 자영업 등 여러 일자리 경력을 가진 직업 혼재 형(16.7%)이었다.

기업에 다니다가 자영업자가 된 이들의 퇴직 나이는 꽤 빨랐다. 중소기업을 재직하던 이들은 평균 28세에 일하기 시작해 40세에 퇴직했고, 대기업에 다니던 사람들 역시 30세에 입사해 47세에 그만뒀다. 문제는 자영업 경영환경이 이미 레드오션에 달한다는 점이다. 지난해 월평균 전국 자영업자는 5,531,000명으로 전년보다 75,000명 줄었다. 경기침체와 소비 부진의 여파로 창업보다 폐업이 속출했다는 뜻이다. 김영대 서울시50플러스재단 대표이사는 자영업 업종, 운영형태, 지원책, 비용에 관한 정보를 제공하는 외에 위험부담에 대해서도 충분히 숙지할 수 있는 상담 서비스를 제공하는 게 필요하다.라며 이번 실태조사 결과를 적극적으로 반영, 중장년 퇴직자를 대상으로 한 체감도 높은 정책 수행을 위해 노력하겠다. 라고 말했다.

현재의 경제상황도 그렇고, 오랜 시간 동안 일자리는 고도 성장기처럼 풍부하지는 않을 전망이다. 또한 질적인 차원에서 새로운 지식과 기술을 요구하는 전환이 이어질 것이다. 안정적이고 오래갈 일자리는 점점 더 없어지고 있다. 기존 일자리에서도 큰 변화가 이어지고 있다. 이제 숙련에 담긴 의미는 달라졌다. 일자리에서 이바지해야 하는 가치도 달라지고 있다. 이런 흐름은 과히 단절이라고 할 만하다. 단절은 상당한 혼란과 함께 높은 적응력을 요구한다. 시니어 은퇴 후 이런 요구는 상당이 어려운 일이다. 그런데도, 일을 원한다면 고집이 아니라 자격을 갖춰야 한다. 그리고 현실적인 판단, 실제적인 노력을 해야만 한다.

기술 기반 창업의 가능성

첫째, 취직(이직을 포함)을 통한 일자리 확보 가능성은 작다.

새로운 기술과 이바지할 수 있는 역량을 계발하는 것이 먼저다. 내가 축적한 지식과 경험이 자격을 가질 수 있고 가치를 창출할 수 있는 영역을 찾아야 한다. 기업영역보다 사회영역은 가능성이 크다. 민간 기업만이 아니라 사회단체, 사회적 기업, 협동조합, 마을기업, 지역 자원봉사 단체 등을 찾아보라.

둘째, 창작을 통한 일자리 확보는 잠재력이 높은 경로다.

지금 시니어가 갖춘 지식과 기술을 시장성 있는 가치로 전환할 수 있다면 가능한 방안이다. 아직은 문화예술 분야에서 시도되고 있지만, 과거의 고정적인 임금 근로자로서의 자세를 바꿀 수 있다면 은퇴 후 가능성이 있는 옵션이다. 사회흐름과 수요를 이해하고, 자신의 전문성을 통해 충족시키는 방안을 찾아야 한다.

셋째, 창업은 진입장벽은 낮지만 가장 어려운 영역이다.

창업은 기업가+경영자로서의 두 가지 역량을 요구하기 때문이다. 반면, 창업은 더 큰 시장을 겨냥하기 때문에 결실이 크다. 시니어 은퇴 후 사업에 대한 전문성과 기업가적 역량을 갖추는 준비를 잘하는 것이 우선이다. 이런 준비를 생각할 때, 시니어는 시간에 대한 압박, 현재까지 축적해 온 자산 상실의 위험을 더욱 크게 생각한다. 그래서 창업에 대한 두려움이 크다. 그렇지만 사업 성공의 위험은 시니어라고 해서 더 큰 것은 아니다. 자신의 전문성과 기업가적 역량을 숙고하고 필요한 요건을 갖출 준비를 할 수 있다면 도전할 수 있다고 생각한다.

특히, 중장년 창업, 시니어 기술창업 등 고용노동부, 중소기업청, 창업 진흥원에서 시니어 창업을 지원하는 정책이 확대되고 있다.

어떤 방법이라도 일자리는 그 일자리가 높이는 가치가 있다. 그 일을 할 수 있는 역량이 있을 때 결과를 만들 수 있다. 따라서 시니어 일자리는 시니어의 근로 역량을 높이고 전환하는 것에서 시작되어야 한다. 분명한 것은 나이가 역량의 한계를 전적으로 규정하지는 않는다는 사실이다. 또한 과거의 지식과 기술은 오래 담근 술도 아니라는 사실이다. 과거의 지식과 기술은 현재 필요한 일자리에 맞춰 새롭게 활용되어야 한다. 상당한 부분에서는 새로운 지식과 기술을 습득해야 한다. 그래서 매우 까다롭고 어렵지만, 이렇게 이야기 할 수 있다. 느리지만 일을 통해 가치를 만들 수 있는 지식과 기술을 습득하고 취직, 창직, 창업의 기회를 추구해야 하지 않을까?

정부 정책으로 단기적 일자리에 시니어를 배치하는 방식은 그래서 옳지 않다고 생각한다. 차라리 학습훈련을 할 수 있는 지원이 효과적이다. 정부가 길도 제시하고 그 길을 여행하는 버스까지 줄 수는 없다. 단지, 길을 만들 수 있는 곡괭이를 잡아주면 좋겠다. 그 곡괭이는 은퇴 후 스스로 준비해야 한다.

04.
시니어 은퇴설계의 필요성

우리 부모 세대, 베이비붐 세대들은 평생을 나라와 가족을 위해 살아왔다. 국가 산업화를 이끌었다. 부모를 부양했으며, 자녀 교육에 모든 자원을 쏟아부었다. 하지만 정작 자신의 노후에 대해서는 깊이 있는 준비를 하지 못했다. 그 결과, 많은 이들이 은퇴 후 경제적 불안과 정서적 고립을 동시에 겪고 있다. 과거에는 은퇴가 '쉴 수 있는 시간'으로 여겨졌지만, 지금은 그렇지 않다. 수명은 늘었고, 고용은 줄었으며, 경제 환경은 빠르게 변하고 있다. 이제 은퇴는 '삶의 마무리'가 아니라 '삶의 후반전'이다. 그리고 그 후반전을 준비하는 설계는 선택이 아니라 필수다.

급변하는 인구구조와 생애 환경

우리나라는 세계에서 가장 빠른 속도로 고령화가 진행되고 있다. 과거에는 65세 이상 고령인구 비중이 7%만 넘어도 고령화 사회라고 불렀다. 지금은 이미 고령사회를 넘어, 초고령 사회를 향해 나아가고 있다. 이처럼 인구구조가 바뀌는 이유는 두 가지다. 출산율은 계속 낮아지고 있고, 기대수명은 지속해서 늘어나고 있기 때문이다. 의료기술의 발전과 생활 수준 향상 덕분에 평균 수명은 점점 더 길어지고 있다. 이제는 80세를 넘는 것이 일반적이며, 여성의 경우 100세 시대가 현실이 되었다. 변화는 한 개인의 삶을 매우 재설계할 것을 요구한다.

은퇴 후의 삶이 단순한 여유가 아니라, 30년 이상 지속되는 새로운 인생이라는 뜻이다.

경제적 측면에서의 은퇴설계

은퇴 후 가장 먼저 마주하는 현실은 소득의 단절이다. 직장에서 나오는 월급이 멈추면, 생활비 대부분을 스스로 해결해야 한다. 국민연금이나 퇴직금, 개인연금이 있다고 해도, 실제 생활비에는 턱없이 부족한 경우가 많다. 의료비, 주거비, 예기치 못한 사고와 물가 상승까지 고려하면 그 부담은 더욱 커진다.

따라서 은퇴설계에서 가장 중요한 첫 단계는 경제적 자립이다. 단순히 돈을 모으는 것만으로는 부족하다. 현금 흐름을 계속 유지할 수 있는 구조를 만들어야 한다. 즉, 은퇴 후에도 소득을 창출하는 방법이 필요하다. 지식창업, 프리랜서, 재능 공유 등 다양한 방식이 가능하다. 중요한 것은 자신의 자산을 어떻게 운용하고, 어떤 방식으로 수익을 만들어 갈 것인지에 대한 구체적인 계획이다. 이를 위해 재무 설계는 반드시 전문가의 도움을 받아 체계적으로 준비하는 것이 바람직하다. 심리적·정서적 안정의 중요성 은퇴는 단순히 직장을 떠나는 일이 아니다. 오랜 기간 자신을 규정해온 사회적 역할을 내려놓는 일이다. 이 과정에서 시니어 은퇴 후 정체성의 혼란을 겪는다.

이제 '나는 누구인가?' '앞으로 무엇을 하며 살아야 할까?'라는 질문이 시작된다. 남성의 경우, 사회적 역할이 직장 중심으로 형성된 경우가 많다. 퇴직 이후 삶에 대한 의미를 상실하는 경우가 흔하다. 일과 직책을 내려놓은 후 갑작스럽게 무력감을 느끼는 것이다. 이러한 정서적 충격은 외로움과 우울감으로 이어질 수 있다.

은퇴설계 심리적 준비가 필요하다.

삶의 의미를 다시 찾고, 새로운 목표를 세우며, 하루하루를 살아갈 이유를 만들어야 한다.

건강, 은퇴 후 삶의 질을 좌우하는 핵심, 건강은 은퇴 후 삶의 기반이다. 아무리 경제적 준비가 되어 있어도, 건강을 잃으면 삶의 질은 떨어진다.

은퇴 후에는 의료비 부담이 늘어나고, 만성질환에 대한 위험도가 높아진다. 하지만, 일에 집중하느라 정작 자신의 건강은 뒤로 미룬다. 정기적인 건강 검진, 규칙적인 운동, 균형 잡힌 식사 등 기본적인 관리조차 소홀하다. 은퇴설계에는 건강 관리 계획도 포함되어야 한다. 노화를 수용하되, 늦출 수 있는 습관을 들여야 한다. 정신 건강도 중요하다. 치매, 우울증 등은 예방이 가능한 질환이기도 하다. 그 예방은 혼자 있지 않고, 의미 있는 삶을 사는 것에서 시작된다.

관계의 재구성과 사회적 연결망 유지

직장을 떠나면, 자연스럽게 관계도 줄어든다. 평소 동료, 상사, 고객과의 관계가 사라지면 사회적 고립이 찾아온다. 고립은 건강과 정서에 모두 부정적인 영향을 준다. 은퇴 후에는 새로운 공동체에 소속되는 것이 중요하다. 지역 모임, 취미 동호회, 자원봉사, 교육 프로그램 참여 등 다양한 방법이 있다. 새로운 사람들과의 관계는 활력을 주고, 자신의 역할과 존재감을 느끼게 해준다. 가족과의 관계도 재정립이 필요하다. 자녀는 성인이 되었고, 배우자와의 관계는 다시 조율해야 한다. 경제적 책임이나 육아 지원 등 다양한 기대가 얽히기도 한다. 은퇴 전 충분한 대화와 조율을 통해 건강한 가족 관계를 유지해야 한다.

사회 구조적 변화와 개인의 책임

과거에는 국가가 노후를 책임져주는 분위기였다. 그러나 지금은 다르다. 고령화가 급속도로 진행되면서, 국가 복지 시스템이 감당할 수 있는 수준을 넘어서고 있다. 연금 제도는 구조적 한계를 보이고 있고, 고용 안정성은 줄어들고 있다. 이제는 개인이 스스로 자신의 노후를 준비해야 한다. 자기 삶을 주도적으로 기획하고, 실천할 수 있는 능력이 더욱 중요해졌다. 은퇴설계는 경제, 건강, 관계, 심리까지 아우르는 통합된 삶의 설계다.

은퇴는 다시 쓰는 인생의 시작

은퇴설계는 단지 노후 대비가 아니다. 그것은 인생을 끝까지 나답게 살아가기 위한 준비다. 경제적 안정을 넘어서, 정신적 성숙과 관계의 확장, 건강한 몸과 마음을 갖추는 일이다. 나이가 들수록 준비할 수 있는 시간이 줄어든다. 40대부터, 혹은 지금부터라도 준비를 시작해야 한다. 늦었다고 느끼는 지금이 가장 빠른 시작일 수 있다. 은퇴는 삶의 마침표가 아니다.

그것은 쉼표이며, 새로운 출발점이다. 삶의 의미와 방향성을 스스로 찾아가는 사람만이, 은퇴 후에도 당당하게 빛날 수 있다. 이제부터 나만의 은퇴설계를 시작하자. 그것이 인생에서 가장 현명한 투자다. 그리고 나 자신을 진심으로 사랑하는 길이기도 하다.

은퇴설계는 단순히 노후 대비 차원을 넘어선다. 그것은 나의 인생을 끝까지 나답게 살기 위한 준비이다. 돈을 모으고, 건강을 관리하고, 인간관계를 유지하는 것은 모두 수단일 뿐, 그 본질은 나의 삶의 방향성과 주도권을 지키는 데 있다. 자신이 원하는 삶의 방식과 가치를 분명히 하고, 그것을 뒷받침할 수 있는 구체적인 계획을 세워야 한다. 은퇴 후에도 배우고 성장하고, 나누고 이바지하며 살아가는 인생을 꿈꾸어야 한다.

그러기 위해서는 지금, 이 순간부터 은퇴를 설계해야 한다. 은퇴는 먼 미래의 일이 아니다. 나이가 들수록 준비할 수 있는 시간은 줄어든다. 40대, 50대부터 적극적으로 준비를 시작해야 한다. 재무 설계, 건강 관리, 커리어 전환, 삶의 목표 재설정 등 은퇴설계는 다양한 영역을 아우르는 종합적인 프로젝트다. 조기에 준비할수록 시행착오를 줄이고, 더 풍요롭고 만족스러운 은퇴 후 삶을 설계할 수 있다.

은퇴설계는 또한 개인만의 문제가 아니다. 가족을 위해, 사회를 위해, 그리고 더 나은 공동체를 위해서도 필요한 일이다. 스스로 준비된 은퇴는 가족에게 부담을 주지 않는다. 건강한 사회 구성원으로서 마지막까지 이바지할 수 있는 기반이 된다. 은퇴라는 단어에 더 이상 두려움이나 상실의 의미를 부여할 필요가 없다. 오히려 은퇴는 준비한 만큼 아름답고 빛나는 제2의 삶의 시작이 될 수 있다.

인생은 끝없이 변화한다. 은퇴도 그 변화의 일부일 뿐이다. 미리 준비하고 설계하는 사람만이 변화 속에서도 자신만의 중심을 지키며 당당하게 살아갈 수 있다. 은퇴는 인생의 마침표가 아니라, 다시 쓰는 인생의 쉼표이자 느린 출발이다. 지금 바로 나만의 은퇴설계를 시작하자. 그것이 나를 위한 가장 현명한 투자이자, 나를 사랑하는 가장 적극적인 실천이 될 것이다.

05.
시니어 은퇴설계의 핵심 설계
금융, 건강, 관계의 통합

은퇴설계를 성공적으로 완성하기 위해서는, 세 가지 핵심 영역을 균형 있게 준비해야 한다. 바로 금융 설계, 건강 설계, 관계 설계다. 세 가지는 각각 독립적으로 중요한 것은 물론, 서로 긴밀하게 연결되어 은퇴 후 삶의 질을 좌우한다.

구체적으로 준비하고 관리하기

금융 설계는 안정된 노후를 위한 경제적 토대다. 금융 설계는 은퇴설계의 가장 기본이자 핵심이다. 아무리 건강하고, 인간관계가 좋아도 경제적 기반이 불안정하다면, 은퇴 후 삶은 위태로워질 수밖에 없다. 따라서 은퇴 전에 충분한 자산을 축적해야 한다. 은퇴 후에도 지속할 수 있는 소득원을 확보하는 전략이 필요하다.

우선, 은퇴 후 예상되는 지출 구조를 세밀하게 분석해야 한다. 기본적인 생활비 외에도 의료비, 주거 유지비, 여가비용, 자녀 지원금 등 다양한 비용이 발생할 수 있다. 이 지출 구조를 토대로 필요한 은퇴 자금을 역산해 계산한다. 이에 맞는 자산 운용 계획을 세워야 한다.

다음으로, 수입원을 다각화해야 한다. 국민연금, 퇴직연금, 개인연금 등 공적·사적 연금 수령 계획을 점검하고, 가능하다면 소규모 부동산 임대수익, 지식 창업이나 취미를 통한 부수입 창출 등 다양한 수익원을 마련하는 것이 바람직하다. 소득원을 단일화하면 위험이 커지므로, 분산과 안정성을 고려한 설계가 필수적이다.

자산 배분 전략도 중요하다

은퇴 직전과 직후에는 자산의 보수적 운용이 요구된다. 고수익을 좇기보다는 원금 보존을 우선시한다. 안정적 이자 수익을 노리는 포트폴리오를 구성해야 한다. 일정 부분은 예·적금, 국채, 인컴 펀드 등 안전자산에, 나머지는 주식, 리츠(REITs) 등 안정성과 수익성을 겸비한 자산에 분산 투자하는 것이 바람직하다.

또한, 인플레이션 리스크를 고려해야 한다. 은퇴 후 수십 년간 물가 상승은 생활비에 직접적인 영향을 미친다. 이에 대비해 일정 비율의 자산은 물가 연동 상품이나 배당주, 인플레이션 방어형 자산에 투자하는 전략도 필요하다.

무엇보다 중요한 것은, 금융 설계는 한 번으로 끝나는 것이 아니다. 은퇴 이후에도 지속해서 점검하고 조정해야 한다. 시장 상황, 건강 상태, 가족 상황 등에 따라 유연하게 자산 운용 전략을 수정하며 살아 있는 금융 설계를 이어가야 한다.

건강 설계는 오래도록 활기찬 삶을 위한 투자다

건강은 은퇴 후 삶의 질을 좌우하는 결정적 요소다. 경제적 여유가 충분하더라도 건강이 뒷받침되지 않으면 은퇴 후 인생을 온전히 누릴 수 없다. 따라서 체계적이고 구체적인 건강 설계가 필요하다. 건강 설계는 예방 중심으로 접근해야 한다. 이미 병이 발생한 후 치료하는 것이 아니다. 은퇴 전부터 건강을 관리하고, 위험 요인을 미리 차단하는 게 핵심이다. 정기적인 건강 검진을 통해 조기에 질병을 발견한다. 필요한 경우 적극적인 치료를 받는 습관을 들여야 한다.

식습관 개선 역시 중요하다. 과도한 당분, 지방, 염분 섭취를 줄이고, 균형 잡힌 영양소를 섭취하는 식단으로 전환해야 한다. 고혈압, 당뇨, 심혈관 질환 같은 만성질환에 취약한 시니어들은 식이요법을 적극적으로 실천해야 한다. 운동은 건강 설계의 필수 항목이다. 격렬한 운동보다는 꾸준하고 안전한 운동이 중요하다. 걷기, 수영, 요가, 근력 운동 등 자기 신체 상태에 맞는 운동을 규칙적으로 해야 한다. 운동은 단순히 신체 건강뿐 아니라 정신 건강, 우울증 예방과 인지기능 유지에도 큰 효과가 있다.

또한, 정신 건강 관리도 간과해서는 안 된다. 은퇴 후에는 고립감, 우울증, 무기력증에 빠질 위험이 크다. 이를 방지하기 위해 명상, 취미활동, 사회적 활동 등을 통해 스트레스를 해소하고 긍정적인 감정을 유지할 수 있도록 해야 한다.

건강 보험과 요양 대비도 중요한 부분이다

예상치 못한 의료비 지출에 대비하기 위해 실손보험, 치매 보험 등 건강 관련 보험 상품을 미리 준비한다. 요양시설 이용 계획이나 재택 요양 방안 등도 미리 검토해 두는 것이 바람직하다.

관계 설계는 고립을 넘어 활력 있는 인생으로 가는 길이다. 은퇴 후 삶의 또 다른 축은 인간관계다. 관계는 은퇴 이후의 일상에 활력을 불어넣고, 정서적 안정을 제공하는 중요한 자산이다. 그러나 직장 중심의 관계망이 끊어지면서 사회적 고립에 빠지는 경우가 적지 않다. 이를 막기 위해 적극적인 관계 설계가 필요하다.

우선, 기존 인간관계를 유지하고 강화하는 노력이 필요하다. 친구, 동료, 지인들과 정기적인 만남을 지속하거나, 소셜 네트워크를 활용해 소통을 이어가는 것도 좋은 방법이다. 중요한 것은 인간관계를 받기 위한 것이 아니다. 주기 위한 마음으로 접근하는 것이다. 서로에게 긍정적인 에너지를 나누는 관계가 오래간다.

새로운 관계를 만들어 가는 노력도 필요하다. 지역 사회에서 운영하는 프로그램, 봉사단체, 동호회, 종교단체 등 다양한 공동체 활동에 적극적으로 참여하면, 비슷한 관심사를 가진 사람들과 자연스럽게 인연을 맺을 수 있다. 새로운 만남은 삶에 신선함과 자극을 주고, 은퇴 후의 무료함을 효과적으로 극복하게 해준다.

또한, 가족과의 관계 재정립도 중요한 과제다. 배우자와의 관계는 은퇴 후 종일 함께하는 시간이 늘어나는 만큼, 서로에 대한 이해와 배려가 필요하다. 취미 생활을 함께 한다. 소소한 일상을 공유하면서 관계의 질을 높이는 노력이 중요하다. 자녀와는 독립성을 존중하면서도 따뜻한 지지자가 되어주는 균형 감각이 요구된다.

관계 설계의 궁극적인 목표는 소속감과 자기효능감을 유지한다. 어느 곳에 속해 있고, 누군가에게 필요한 존재라는 감각은 인간의 기본적인 심리적 욕구다. 관계를 통해 나의 존재를 확인한다. 누군가에게 긍정적인 영향을 미친다는 경험은 은퇴 후 삶을 더욱 빛나게 만들어 준다.

은퇴를 맞이하면서 다양한 방식으로 노후를 보내고 있다. 이들의 은퇴 후 삶은 경제적 상황, 건강 상태, 개인 가치관 등에 따라 매우 다르게 나타난다.

제일 어려운 것은 경제적 어려움(노후 빈곤)이다. 퇴직연금이 있지만, 한 달 생활하면 생각지 못한 금액이 들어간다. 국민연금이나 퇴직연금은 한 달 생활비의 60~70% 정도만 받아 생활해야 한다. 일부 베이비붐 세대들은 충분한 연금을 마련하지 못해 경제적 어려움을 겪고 있다. 고령층의 빈곤율이 높아지고 있다. 생계를 위해 은퇴 후에도 계속 일해야 하는 경우가 많다. 자영업 실패, 부동산 투자 실패, 건강 문제로 인한 의료비 부담 등이 경제적 문제를 가중할 수 있다. 고립감 및 우울증이 생긴다. 직장에서 은퇴한 후 사회적 관계가 줄어들면서 외로움을 느끼는 경우가 많다. 가족과 떨어져 지내는 경우(예: 자녀들이 독립 후 타지에 거주) 고립감이 심해질 수 있다. 이는 우울증으로 이어질 가능성이 있다. 노후에 친구나 배우자를 잃게 되면 심리적 공허감이 더욱 커질 수 있다. 건강 문제 및 의료비 부담이 커진다. 노화로 인해 각종 질병(고혈압, 당뇨, 치매 등)에 걸릴 위험이 있다. 의료비 부담이 커지면서 경제적 어려움으로 이어질 가능성이 있다. 장기 요양이 필요한 경우 가족에게 부담을 줄 수도 있다.

　은퇴 후 정체성 상실하는 경우가 많다. 평생, 직장으로 살아온 사람들이 은퇴 후 '나는 이제 무엇을 해야 하지?'라는 정체성 혼란을 겪을 수 있다. 사회에서 더 이상 필요하지 않다고 느끼거나, 자아실현의 기회를 찾지 못하는 경우 우울감이 심해질 수 있다. 세대 갈등 및 가족 내 갈등이 생기기도 한다. 자녀 세대(밀레니얼, Z세대)와 가치관 차이로 인해 갈등이 생기는 경우가 많다. 경제적으로 어려운 자녀를 지원해야 하는 경우, 본인의 노후 자금을 유지하기 어려울 수 있다. 부모의 기대와 자녀의 현실이 맞지 않으면 관계가 소원해지는 예도 있다.

　결론은 베이비붐 세대의 은퇴 후 삶, 기회와 도전의 공존이다. 베이비붐 세대의 은퇴 후 삶은 새로운 기회와 도전이 공존하는 시기다. 경제적, 건강학적, 심리적으로 준비된 사람들은 제2의 인생을 긍정적으로 살아간다. 여유롭고 활기찬 삶을 즐길 수 있다. 반면, 준비가 부족한 경우 경제적 어려움, 건강 문제, 사회적 고립 등으로 인해 힘든 시기를 보낼 수도 있다.

따라서 은퇴 후 삶을 성공적으로 보내기 위해서는 경제적 준비, 건강 관리, 사회적 관계 유지, 자아실현 활동(취미, 봉사 등)을 지속하는 것이 중요하다.

06.
시니어 은퇴 후 겪게 되는 삶

은퇴 이후의 삶은 기대와 현실 사이에서 끊임없이 교차하고 있다. 100세 시대를 맞이한 한국 사회에서, 고령 세대가 겪는 은퇴 이후의 삶은 생각보다 훨씬 복잡하고, 그만큼 절박하다.

주목해야 할 것은, 단순히 경제적 준비 부족만이 문제가 아니다. 사회적 고립, 건강 악화, 정체성 상실 등 복합적인 문제들이 은퇴 이후 삶의 질을 심각하게 저하한다는 점이다.

한국보건사회연구원의 2022 고령자 생활실태 및 복지 욕구 조사에 따르면, 65세 이상 고령자의 42.4%가 은퇴 후 경제적 어려움을 심각하게 느낀다. 고 답했으며, 38.7%는 사회적 고립감을 느낀다고 응답했다. 이는 단순히 일자리가 없는 문제를 넘어, 고령 세대의 삶의 구조 자체가 위험에 노출되어 있음을 보여준다.

은퇴 세대, 제2의 소득이 필요한 이유

대한민국의 노인 빈곤율은 OECD 회원국 중 1위다. 2023년 OECD 통계에 따르면, 한국의 66세 이상 고령자 빈곤율은 40%를 넘는다. 이는 평균 수명을 83세로 예상할 때, 은퇴 이후 30년 가까운 세월을 빈곤 상태로 살아야 한다는 것을 의미한다. 국민연금 등 공적연금만으로는 충분한 생활이 어려운 상황이다. 즉, 공적연금에만 의존하는 노후는 최저 생계조차 보장할 수 없다. 이 때문에 제2의 소득원 마련이 은퇴 세대에게는 생존 전략이 되고 있다.

그 방법의 하나로 떠오르는 것이 바로 지식창업이다. 지식을 통한 창업은, 초기 자본 부담이 적고 경험과 전문성을 그대로 살릴 수 있다. 고령자에게도 현실적으로 도전할 수 있는 방식이다. 평생직장이 사라진 시대, 은퇴는 더 빨라지고 있다. 한편, 은퇴 시점은 점점 앞당겨지고 있다. 한국인의 평균 퇴직 나이는 50.5세로, 기대 은퇴 나이(69세)보다 18년이나 빠르다.

이는 다시 말해, 50대 초반에 은퇴했지만, 남은 30~40년을 스스로 준비해야 하는 현실을 뜻한다. 게다가 재취업 시에는, 임금 감소(67.4%가 경험) 고용 안정성 저하(정규직 비율 74.5%→42.1%로 감소) 등의 문제가 심각하다. 결국, 기존 방식대로 은퇴를 준비하는 것은 더 이상 좋은 방법이 아니다. 은퇴를 하나의 끝으로 볼 것이 아니라, 새로운 소득을 창출하고, 의미 있는 일을 지속할 수 있는 제2의 경력을 설계해야 한다.

여성 고령 세대의 특징과 도전 과제

또 하나 간과해서는 안 될 점은 노령의 여성화 현상이다. 65세 이상 고령자 중 여성 비율은 56.5%에 달하며, 75세 이상에서는 그 비율이 더 높아진다. 하지만 여성 고령자의 고용률은 여전히 낮다. 고용노동부에 따르면, 50세 이상 여성 고용률은 49.7%로 남성(70.9%)과 비교하면 21.2%포인트 낮다. 이는 고령 여성의 경제적 취약성을 심화시키는 원인이 되고 있다. 여성들이 경력단절 비공식 노동(가사, 돌봄 등) 경험만 있는 경우가 많아 은퇴 이후 공식적 노동시장 재진입이 쉽지 않다. 따라서 여성 고령 세대는 자신의 생애 경험, 비공식적 전문성을 재정의하고 상품화하는 방법을 찾아야 한다. 이 또한 지식창업을 통해 가능한 전략이다.

예를 들어, 가사관리 기술을 활용한 교육 서비스 돌봄 경험을 살린 고령자 관리 코칭, 지역 사회 네트워크를 기반으로 한 커뮤니티 매니저 활동 등 다양한 가능성이 열려 있다.

은퇴 이후 삶, 어떻게 준비해야 하는가?

은퇴 세대가 맞이하는 가장 큰 위협은 단순한 빈곤이 아니다. 진짜 위협은 소득 단절, 사회적 관계 단절, 정체성 상실 이 새 가지가 동시에 찾아온다. 따라서 준비는 단순한 돈 모으기에 그쳐서는 안 된다. 은퇴 이후 삶을 성공적으로 은퇴설계하기 위해 준비가 필요하다.

첫째, 지속할 수 있는 소득원 확보

단기 알 바나 비정규직이 아니라, 자기 경험과 전문성을 살려 꾸준히 수익을 낼 수 있는 구조를 마련해야 한다. 지식창업, 소규모 창업, 프리랜서 활동 등이 대안이 될 수 있다.

둘째, 사회적 관계 유지

직장이라는 사회적 관계망이 끊어진 후에도, 커뮤니티 활동, 봉사활동, 동호회 참여 등을 통해 사회적 소속감을 유지해야 한다. 이는 심리적 건강을 지키는 데 결정적이다.

넷째, 새로운 정체성 구축

'나는 누구인가?'라는 질문에 퇴직한 회사원이 아니라, 은퇴 후에도 '배우고 성장하는 사람, 사회에 이바지하는 사람'으로 답할 수 있어야 한다. 자기 주도적인 삶을 설계하는 것이 필요하다.

100세 시대, 은퇴는 더 이상 인생의 끝이 아니다. 은퇴는 새로운 출발점이다. 스스로 만들어야 하는 제2의 성장 무대다. 은퇴 후 삶은 준비된 사람에게는 풍요와 성취의 시간이다. 준비하지 않은 사람에게는 빈곤과 고립의 시간으로 걸릴 수 있다.

지금 필요한 것은 현실을 직시하는 용기와 새로운 길을 준비하는 구체적인 실천이다.

준비하는 은퇴는 더 이상 선택이 아니다. 생존을 넘어, 성장하는 은퇴를 만들기 위해 나만의 제2의 인생 설계를 시작해야 한다.

준비 없는 은퇴는 두 번째 위기다

은퇴는 한 사람의 생애에서 단순한 일의 종료를 의미하지 않는다. 은퇴는 경제적, 사회적, 심리적 삶의 구조 전체를 새롭게 재설계해야 하는 거대한 전환점이다. 우리는 지금 세계에서 가장 빠른 속도로 고령화가 진행되는 나라에 살고 있다. 평균 수명은 길어졌지만, 퇴직 나이는 점점 앞당겨지고 있다. 사회적 안전망은 충분치 않고, 은퇴 후 스스로 생존하고 성장해야 하는 시대가 이미 현실로 다가왔다. 조사 결과, 대부분 시니어는 은퇴 후에도 일하기를 원하고 있다. 하지만 재취업 시장은 냉혹하다. 고용 안정성과 소득 수준 모두 기대에 미치지 못한다. 여성 고령층은 더욱 취약한 위치에 놓여 있다. 사회적 고립과 경제적 불안이 동시에 찾아오는 경우가 많다. 은퇴 세대는 여전히 가족부양과 경제적 지원이라는 이중 부담 속에 있다.

자녀 세대와의 가치관 충돌, 노후 의료비 부담이다. 그리고 은퇴 후 정체성 상실까지, 은퇴 이후의 삶은 예상보다 훨씬 더 복합적이고 어렵다. 결국, 은퇴를 단순히 퇴직 이후 쉬는 시간으로 여겨서는 안 된다. 은퇴는 제2의 인생을 시작하는 시점이다. 준비 없는 은퇴는 또 하나의 위기를 부른다. 경제적 위기, 건강 위기, 관계 위기, 정체성 위기다. 이 모든 것은 은퇴 이후 제대로 준비하지 못했을 때 찾아오는 결과다. 따라서 우리는 지금부터 다른 질문을 해야 한다.

나는 은퇴 후 어떤 소득 구조를 가질 것인가?
나는 어떤 방식으로 사회와 계속 연결될 것인가?
나는 은퇴 이후 어떤 정체성을 새롭게 만들어 갈 것인가?

그 해답 중 하나가 바로, 자기 경험과 전문성을 바탕으로 한 지식창업이다.

지식창업은 단순히 돈을 벌기 위한 수단이 아니다. 지식창업은 은퇴 이후에도 자기 삶을 능동적으로 설계한다. 가치를 창출하며, 자신을 성장시키는 방법이다. 이제, 우리는 '은퇴 후 어떻게 살아갈 것인가?'라는 질문을 넘어, '은퇴 후에도 어떻게 성장할 것인가?'를 고민해야 한다.

Ch 3.

은퇴설계 어떻게 경쟁력을 키울 것인가?

01.
100세 시대
은퇴재앙이 몰려온다

은퇴는 개인의 재앙이고 사회의 부담이 된다

이제 인류는 의학과 과학의 발달로 인해 100세 이상을 살아가야 하는 100세 시대라는 초유의 상황에 직면하고 있다. 100세 시대, 은퇴 이후 삶의 시간이 길어졌다. 그동안 살아온 인생만큼 은퇴 이후의 삶이 남았다. 50대 초반에 은퇴하는 현 상황에서 은퇴 이후의 삶은 우리가 상상한 것보다 더 엄청나게 길다. 오죽하면 재수 없으면 100살까지 산다. 라는 말도 자연스럽게 회자하고 있다. 철저한 계획과 준비 없이 맞이하는 퇴직 이후의 40~50년은 생각만 해도 끔찍하다고 할 수 있다.

학업을 마치고 20~30년간 열심히 일하고, 은퇴 후 모아 놓은 재산과 연금으로 소소하게 노후를 보내는 모습, 즉 배우고(교육), 써먹고(직업), 퇴직(은퇴)하는 1회성의 3단계의 삶은 이미 역사적인 유물로 사라지고 있다.

살아가야 할 기간이 길어지면 길어질수록 노후 자금이 소멸한다. 노후 자금을 조달하는 활동을 계속할 수밖에 없다. 이를 위해 계속 일하거나 부족한 노후 자금으로 근근이 견뎌내야 한다. 앞으로는 정년 혹은 은퇴라는 개념은 없어지고 80세까지도 일해야만 한다.

은퇴설계 전문가인 데이비드 엘리스 박사는 "이제 우리 사회는 60대가 아닌 80대에 은퇴가 이루어지는 것을 현실로 받아들여야 한다."고 말하고 있다. 따라서 100세 시대에는 배우고, 써먹고, 놀고의 단계를 최소한 2~3번을 해야 한다. 즉, 이전 세대와는 전혀 다른 삶을 살게 된다는 이야기다.

65세 이상 인구가 20%가 되는 초고령 사회가 예정되어 있다. 100세 시대가 눈앞에 다가오고 있다. 이처럼 우리 사회는 빠르게 늙어가고 고령사회로 나아가는 속도는 점점 빨라지고 있다. 은퇴 이후와 인생 2막 준비는 전혀 속도가 나지 않는 게 현재 개인과 국가의 고민이다. 이것은 곧 국가 경제의 문제인 동시에 개인과 가정의 생존과도 직결된 문제이다. 준비하지 않는 100세 시대는 개인의 재앙이자 사회의 부담으로 다가온다.

100세 시대 현실: 기대수명의 증가와 인구구조의 변화

100세 시대는 기대수명의 증가와 인구구조의 변화가 생기고 있다. 의학 기술의 발전과 생활 환경의 개선으로 인해 인간의 수명은 증가하고 있다. 이러한 변화는 사회와 경제에 큰 영향을 미친다. 기대수명의 증가는 인구구조의 변화를 가져왔다. 인구의 평균 연령이 상승하면서 고령화 인구가 증가하고 있다. 이에 따라 노년 부양 비율이 감소하고 있다. 생산 가능 인구의 부담이 증가하고 있다. 이러한 인구구조 변화는 은퇴 후 빈곤의 문제를 더욱 심각하게 만들 수 있다.

고령인구의 증가는 의료비와 간병비 등의 부담을 증가시키고 있다. 또한, 고령인구의 일자리 부족과 경제적인 어려움은 사회적 문제를 일으킬 수 있다. 이에 따라 퇴직 후 빈곤 문제가 더욱 심각해지고 있다. 100세 시대에서는 은퇴 후의 삶을 대비하는 것이 매우 중요하다. 노후 대비를 위해 충분한 경제적인 준비와 건강 관리가 필요하다. 사회적인 지원과 정책적인 대책도 필요하다. 이를 통해 100세 시대에서도 건강하고 풍요로운 삶을 즐길 수 있을 것이다.

〈80세 시대와 100세 시대 비교〉

구 분		80세 시대	100세 시대
고령화	노인에 대한 인식	시혜적 복지의 대상 사회적 부담 부정적 인식	생산적 존재 사회적 자원
	장수의 의미	오래사는 것 (living linger)	잘 사는 것 (living well)
보건복지	고령층 복지부담	취업자	취업자와 은퇴자 공동 부담
	복지 형태	수동적, 국가 시혜적	개인, 정부, 지역사회 결합
	노후대비	개인별 준비 공적연금 보조	공적연금, 개인연금, 퇴직연금 등 다양한 보장체제 구축
교육고용	교육 수요	30대 이전까지 집중	전 세대에 걸친 교육수요
	교육 형태	교육, 경제활동, 여가의 직선형 패턴	세대 내에서 교육, 경제활동, 여가의 순환형 패턴
	일자리	세대 간 단절	세대 간 공유
	은퇴	정년제	정년제 약화
가족문화	가정 구성	부부 중심 개념	결혼, 가족 개념약화 1인가구, 공동체 가정
	주거	노인 가구 고립	자생성 노인공동체 형성
	문화적 향유	세대별 문화 콘텐츠	세대 구분 없는 취향별 문화 콘테츠
산업금융	산업	대규모 제조업 중심 수출 중심	제조업 쇠퇴, 다양한 수요의 서비스업 및 실버산업 등장
	금융	재산 증식의 수단	생애주기별 지원 수단

〈출처 : 기획재정부 〉

기획재정부에서는 80세대와 100세 세대 비교에 따르면 예전에 80세는 노인은 복지의 대상이고 사회적 부담이라는 부정적인 생각을 한다. 지금 100세는 생산적 존재이고, 사회적 자원이라고 생각한다. 그리고 잘 사는 거라고 바뀌고 있다.

한 노인의 건강수명 (평균 수명에서 질병이나 부상으로 인해 활동하지 못한 기간을 뺀 기간)이 약 73세, 평균 수명이 82세 정도이다. 우리나라 직장인의 평균 퇴직 연력은 52세로 직장을 떠나서도 최소한 30년 동안 생계를 유지하기 위해 일하며 살아야 한다. 지금 40~50대의 보통 사람들이 100세까지 살 수 있다고 전제했을 때, 직장에서 퇴직하거나 은퇴 이후 상당히 긴 시간을 살아가야 하는 것은 분명하다. 하지만 실제로 퇴직과 은퇴를 미리 준비하는 중장년은 많지 않다. 그들이 인생 후반에 방향을 잃고 두려움을 느끼는 것은 준비와 연습이 되어 있지 않기 때문이다.

80세까지 일하는 빈곤 근로자층이라는 말이 있다. 말 그대로 80세까지 열심히 일하지만 가난 상태에서 벗어나지 못하는 부류의 사람을 말한다. 이들은 매월 월급을 받기 때문에 겉으로 보이는 중산층처럼 보인다. 저임금으로 하루하루 고용 불안과 생계 걱정하며 살아가는 빈곤 계층이다. 그들은 직장에서 퇴직해 대개 자영업을 시작하지만, 영세성을 벗어나지 못한다. 시간제 일자리나 비정규직 일자리를 전전하는 경우가 많다. 이러한 은퇴자들과 경력단절 여성들이 취약계층에 속한다. 빈곤 상태는 나이가 많거나 여성들이다. 기술이나 학력이 낮을수록 시간제 일자리일수록 더욱 어려워지고 있는 게 현실이다.

은퇴재앙이라는 말이 무겁게 들릴 수 있다. 지금의 현실을 가장 잘 설명하는 표현이다. 20~30년 이상 계속되는 은퇴 후의 삶은 단순한 노년이 아니다. 두 번째 경제 인생이다. 하지만 사람들은 은퇴 준비가 되어 있지 않은 경우가 많다. 퇴직금이나 연금 외의 소득원이 없다. 새로운 직업 역량을 갖추지 못한 경우가 대부분이다. 이는 곧 장기 빈곤과 고독, 사회적 단절로 이어질 위험이 크다.

OECD 보고서에 따르면, 한국의 노인 빈곤율은 40%를 넘는다. 이는 OECD 평균의 세 배에 달하는 수치다. 은퇴 후 삶이 휴식과 여유가 아니라 생존과 고립의 시간으로 전락하는 이유다. 지금의 은퇴는 더 이상 은퇴가 아니다. 경제적 자립이 없는 은퇴는 또 다른 재앙일 뿐이다.

이러한 재앙을 피하려면 무엇보다 경쟁력을 갖춰야 한다. 단순히 재취업을 위한 스펙 쌓기가 아니다. 자신의 지식과 경험을 자산화할 수 있는 능력을 길러야 한다. 지금까지의 경력을 정리하고, 새로운 시장에서 나를 팔 수 있는 무기를 만들어야 한다. 평생 현역이라는 말이 이상적인 구호가 아니라 현실적인 생존 전략이 된 시대다

02.
회사는 당신을 평생 책임지지 않는다

회사는 당신을 평생 책임지지 않는다. 회사는 단지 우리에게 일자리를 제공하고 월급을 주는 곳일 뿐이다. 따라서 우리의 삶을 책임지는 것은 오직 우리 자신이라는 사실을 기억해야 한다. 회사는 이윤을 창출하는 조직이다. 직원을 고용하는 것은 그 목표를 달성하기 위한 수단일 뿐이다. 따라서 회사는 직원을 행복이나 미래를 책임지지 않는다.

회사에서 주는 월급은 주택연금이나 국민연금처럼 가입하면 정해진 시점부터 죽을 때까지 나오는 돈이 아니다. 대부분의 직장인 주택연금이나 국민연금을 받기 전에 월급이 사라진다. 직장에서 퇴직하고 아르바이트 자리를 알아보면서 하루하루 버티고 있을지도 모른다.

은퇴 후 어떻게 시간을 달리 쓸 것인가? 생각을 한번 해봐야 한다. 출근 시간과 퇴근 시간 여기에 맞춰 일상이 짜여 있었다. 나 같은 경우에는 이 시간을 바꿀 노력을 어떻게 했을까? 아침 5시에 일어나서 2시간 동안은 오로지 나에게 할애해서 그 시간을 바꿔봤다. 그 시간에 글쓰기도 했고 다른 창작적인 일들을 그 시간에 하게 됐다.

은퇴와 함께 사라지는 5가지

첫째는 월급이 사라진다.

이 월급은 이사회에서 나의 존재가치를 증명하는 일이다. 월급이 사라지는 경험을 퇴직하는 순간에 경험하게 된다. 은퇴 후 월급이 사라지면 일정한 수입이 없어진다. 재정적으로 어려움을 겪게 된다. 생활비, 의료비, 주거비 등을 충당하기 위해 충분한 저축이나 연금이 필요하다. 이를 제대로 준비하지 않는 경우 경제적 어려움이 발생한다.

둘째는 명함이 사라진다.

명함이란 것은 사회적인 지위를 증명해준 하나의 징표다. 퇴직하는 순간에 이 증표인 명함이 사라지게 된다. 명함은 직장이나 조직에서의 소속감을 상징하는 중요한 요소다. 명함이 없어지면 직장과 조직에서의 소속감이 상실되어 허전하거나 외로움을 느낄 수 있다. 직장에서의 역할과 직함은 우리의 정체성에 큰 영향을 미친다. 명함이 사라지면 직장에서의 역할과 직함이 함께 사라지므로, 자신의 정체성에 대한 변화가 느껴질 수 있다.

셋째는 인맥이 사라지게 된다.

은퇴 순간에 자기의 가장 끈끈하고 살아가는 의미 인맥 들도 사라지게 된다. 그래서 내가 일정 사회에 소속되어 있다는 감정들이 어느 순간에 다 끊어져 버린 듯한 늦게 이런 느낌까지 오게 된다. 인맥이 사라지면 사회적으로 고립될 수 있다. 친구, 동료, 지인들과의 교류가 줄어들어 외로움을 느낄 수 있다. 인맥은 종종 다양한 정보를 얻을 수 있는 통로다. 인맥이 사라지면 새로운 소식, 기회, 조언 등을 얻기 어려워질 수 있다.

넷째는 아침에 일어나며 가야 할 공간이 없다.

그러니까 내가 가서 일해야 할 공간이 사라지게 된다.

다섯째는 마지막으로 일상을 소비할 수 있는 이상의 시간들이 다 사라져 버린다는 느낌이 든다. 월급, 명함, 인맥, 공간, 시간, 이 모든 것들이 사라져 버리는 것들이 퇴직이라는 경험이다.

미래의 직장에 다니고 있을 때 이런 경험을 미리 준비하는 부분들이 필요하다. 첫째 부분은 월급에 관련된 얘기다. 근로소득을 통한 월급이 아니라 자본 소득이나 사업 소득으로 갈 수 있는 준비를 직장에 다니시면서 준비해야 한다. 직장에서 월급 받으면서 다니며 일을 어떤 방식으로 해야 하는가?

자본의 구조가 어떻게 흘러가고 있는가? 이 부분들에 대한 것들을 직장 다니시면서 마련해 놓는 것이 필요하다. 명함을 통해서 증명할 게 아니라, 스스로 사회적 지위를 증명할 수 있어야 한다. 예를 들면 저는 유재석입니다. 이야기하는 순간에 어떤 프로그램에 나온다. 이런 설명 없이 유재석인 사람이 명함이 된다. 내 이름 석 자가 명함이고, 브랜드다. 그리고 내가 제일 좋아하는 사람은 김미경 강사다. 김미경이란 이름만 들어도 어떤 일을 하는 사람인지 알게 된다.

일본의 철학자가 쓴 책인데 그 책에 보면, 사람을 바꾸려면 결심이 아니라 세 가지를 바꾸라고 이야기한다. 그 세 가지는 사람, 시간, 공간이다. 다 결심만 한다고 되는 건 아니다. 그래서 지금 직장에 다닐 때 세 가지를 바꾸는 노력을 해야 한다.

첫 번째는 사람이다.

직장에 다니면 만나는 사람만 만난다. 그러다 보면 다른 생각이 확장되는 것들이 약해진다. 직장에 다니더라도 자기 회사와 관련이 없는 다른 영역의 사람들도 만나서, 자기 마음 안에 있는 결들을 좀 바꿔 내는 노력을 해야 한다.

두 번째는 어떻게 시간을 달리 쓸 것인가? 에 생각을 한번 해봐야 한다.

출근 시간과 퇴근 시간 여기에 맞춰서 생활하다가 갑자기 은퇴하게 되면, 이 시간을 어떻게 써야 할지 고민하고 힘들어하는 경우가 많다. 뉴스에서 가끔 나오는 이야기다. 은퇴 사실을 집에 알리지 않고 아침마다 정장을 입고 출근한다고 이야기하고 나와서 공원에서 시간을 보내고 집에 들어가는 경우가 있다는 뉴스를 봤다.

세 번째는 공간을 바꾸라는 말이다.

공간을 바꾸라는 의미는 새로운 환경으로 나오라는 것이다. 보통 직장 생활하는 사람들이 쉽게 추천한다는 얘기다. 보통 직장인들이 시계추처럼 왔다 갔다 한다. 자기가 가야 할 공간들이 일정하게 정해져 있다. 하다못해 토요일 일이라도 집을 떠나 여행을 간다. 낯선 장소를 가서 공간적인 환경의 변화를 자기 마음속에 계속 심어줘야 한다. 이렇게 계속 심어 주다 보면 생각의 틀이 바뀌어 간다.

은퇴하기 전에는 진짜 발전할 수 있는 기회들을 놓치게 된다. 자기만의 월급을 만들 수 있는 소득의 파이프라인을 새롭게 구축하는 부분들에 끊임없이 고민해야 한다. 스스로 계속 변화되는 그런 모습들을 만들어 가야 한다. 그렇게 되면 사회적 죽음을 맞이하는 은퇴의 순간에 당당할 수 있다고 전문가들은 이야기한다. 그 당당함을 통해서 제 인생 2막을 더 화려하게 살아갈 수도 있다.

삶의 전환점, 준비된 은퇴로 만드는 기회

은퇴는 단순히 일에서 벗어나 여유로운 시간을 맞이하는 시기가 아니다. 인생의 새로운 전환점이 될 수 있다. 그 전환을 어떻게 준비하느냐에 따라 은퇴 이후의 삶은 크게 달라진다. 준비된 은퇴는 불안과 두려움 대신 새로운 도전과 기회의 장이 될 수 있다. 이제 은퇴는 단순한 휴식의 시간이 아니다. 자기의 경험과 역량을 새롭게 활용하고 인생의 가치를 다시 설정할 수 있는 중요한 시기다. 은퇴를 준비하는 과정에서 가장 먼저 고려해야 할 점은 자신만의 목표와 비전을 설정하는 것이다. 많은 사람이 은퇴를 막연하게 생각한다. 구체적인 계획이 없으면 은퇴 후 공허함을 느끼기 쉽다. 자신이 앞으로 어떤 삶을 살고 싶은지, 어떤 목표를 가지고 활동할 것인지를 미리 고민해야 한다. 이때 중요한 것은 과거에 얽매이지 않고 새로운 시각으로 자신을 재발견한다. 과거의 경력과 경험을 바탕으로 새로운 분야에 도전한다. 오랜 시간 미뤄둔 꿈을 실현할 기회를 찾는 것도 좋은 방법이다.

  우리는 언제까지 자신의 미래를 회사에만 의지한 채 직장을 다녀야 할까? 대부분 사람은 직장이 주는 월급에 길들어 있다. 그것만 바라본다. 그것만 의지해서 살고 있다. 당신의 직장은 언제까지 당신에게 월급을 주며 책임지지 않는다. 난 지금껏 아무런 준비 없이 상사 탓, 회사 탓, 경기 탓을 하는 사람들을 많이 봤다. 남 탓만 하는 사람들은 미래를 위한 준비도 없다. 당신의 미래는 그 누구 탓도 아니다. 당신이 직장인이라면, 당신이 사업가라면, 당신이 자영업자라면, 퇴근 후 미래에 대한 은퇴설계를 꼭 시작하자. 나의 미래를 위한, 나의 강점을 살리기 위한 나만의 은퇴 수업을 꼭 시작하길 바란다.

03.
은퇴는 회사 다닐 때 미리 준비한다

100세 시대의 도래는 은퇴 이후 삶의 패러다임을 완전히 바꿔 놓았다. 퇴직은 더 이상 인생의 마무리가 아니다. 오히려 새로운 생애 주기의 시작이다. 두 번째 경제 인생의 출발점이다. 하지만 사람들은 여전히 은퇴를 추상적 개념으로만 받아들인다. 그 결과, 준비 없는 은퇴가 위기로 이어지고 있다.

은퇴는 예고 없이 찾아온다. 직장인들은 은퇴를 먼 미래로 여기며 대비를 미룬다. 하지만 현실은 그렇지 않다. 구조조정, 건강 문제, 가족의 돌봄, 조직 내 갈등 등 은퇴는 예기치 않게 다가올 수 있다. 문제는 대부분의 사람들이 퇴직 이후를 철저히 계획하지 않고 있다. '나중에 준비하면 되겠지'라는 안일한 태도는 퇴직 후 생계 불안정과 정체성 상실로 이어질 수 있다.

직장 재직 중 준비하는 것이 가장 안정적이다
현직에 있을 때는 정기적인 소득이 있고, 사회적 역할이 분명하다. 이 시기가 은퇴설계의 골든타임 이다. 조직 내 경험과 전문성을 정리한다. 이를 기반으로 한 지식 콘텐츠를 개발할 수 있다. 블로그, 칼럼, 강의안, 출간물 등은 퍼스널 브랜딩의 기초가 된다. 이러한 자산은 퇴직 이후 강의, 컨설팅, 저술 등의 1인 지식창업으로 연결될 수 있다.

직장생활과 병행하며 브랜딩을 시작하면 리스크를 줄일 수 있다. 기존의 안정된 수입 구조 안에서 시행착오를 경험할 수 있기 때문이다. 반면 퇴직 이후 시작하면, 실패의 비용이 곧 생계의 위협이 되며 선택의 폭도 줄어든다. 전문가로서의 정체성을 구축하고 시장의 신뢰를 얻는 데는 일정한 시간과 훈련이 필요하다. 퇴직 후 시작하기엔 이미 늦을 수 있다.

은퇴 후 경제 현실은 냉혹하다

은퇴 이후의 삶은 생각보다 경제적으로 고비용 구조를 유지한다. 생활비는 줄지 않고, 고정지출은 그대로 남는다. 자녀의 학비, 주거비, 의료비, 관리비 등은 여전히 감당해야 한다. 은퇴 직후 수입이 끊기면 대출이나 적금 인출로 생활비를 메우게 된다. 이는 곧 금융 불안정으로 이어진다. 퇴직 후 갑작스럽게 경제 위기를 경험한 사례는 많다.

은퇴 연령이 낮아지고 있는 현실에서, 은퇴 후에도 소득을 창출할 수 있는 구조를 사전에 만들어 놓는 것이 중요하다. 퇴직금을 무리하게 투자하거나, 준비되지 않은 창업으로 손실을 보는 사례도 많다. 반대로 은퇴 전에 자신의 전문 분야를 기반으로 차근히 수익 구조를 설계한 사람들은 안정적인 2막을 시작할 수 있다.

은퇴설계는 생존 전략이다

은퇴설계는 단순한 노후 준비가 아니다. 이는 인생 후반부를 어떻게 설계하고, 어떤 방식으로 사회적 존재감을 이어갈 것인가에 대한 전략이다. 이를 위해서는 세 가지 단계가 필요하다.

진단: 현재의 직업적 역량, 자산, 건강 상태, 인간관계를 객관적으로 분석한다. 무엇을 가지고 있고, 무엇이 부족한지를 정확히 파

악하는 것이 시작이다.

계획: 자신이 가진 전문성을 어떻게 상품화할 것인지 계획한다. 강의, 책 출간, 온라인 콘텐츠 제작 등 다양한 방식이 가능하다. 이를 위한 브랜드 전략과 실행계획이 필수다.

실행: 계획을 실행하며 시장 반응을 분석한다. 블로그 운영, 소규모 강의 시작, 파일럿 콘텐츠 제작 등 실질적인 액션을 통해 브랜드를 검증하고 수정해 나간다.

이러한 일련의 과정은 최소 1~2년 이상의 시간이 소요된다. 따라서 직장에 재직 중일 때부터 시작하는 것이 가장 현명한 선택이다.

인생 2막의 경쟁력은 준비에서 나온다

지금은 평생 현역 시대다. 은퇴는 경력의 종결이 아니다. 새로운 사회적 역할로의 이동이다. 변화에 적응하고, 지속 가능한 소득 구조를 만들 수 있는 능력이 바로 은퇴 후 경쟁력이다. 준비하지 않으면 기회는 없다. 반면 철저한 준비를 한다면, 은퇴는 위기가 아니라 인생 후반부를 디자인할 수 있는 최고의 전환점이 될 수 있다. 직장에 다니는 지금이 바로, 은퇴설계의 가장 좋은 출발점이다. 늦기 전에 시작하라. 그것이 인생 후반을 지키는 가장 확실한 방법이다.

후회 없는 퇴직을 위해, 반드시 준비해야 할 것들

직장인으로서의 마지막 날을 후회 없이 맞이하기 위해서는 철저한 사전 준비가 필수다. 사람들은 퇴직을 단순한 이직의 일환으로 가볍게 여긴다. 대기업 임원, 중간 관리자급 이상은 자신이 쌓아온 경력만으로도 새로운 기회를 쉽게 얻을 수 있을 것이라는 착각에 빠진다. 하지만 현실은 다르다.

퇴직 후 이력서를 헤드헌팅 업체에 제출한다. 지인들에게 자리를 알아봐 달라고 연락하지만, 돌아오는 반응은 냉담하다. 과거에는 명함 하나로 인정받던 시절이 있었다. 더 이상 사회는 타이틀 하나로 사람을 평가하지 않는다. 중소기업이라도 자리를 제안받을 것이라는 기대조차 무너진다. 실제로는 아무도 떡 줄 생각이 없는데, 스스로 김칫국을 마시는 격이다.

일자리를 구하지 못한 이들은

첫째, 아무 기준 없이 들어온 제안을 덥석 받아들인다.

둘째, 막연한 기대감으로 창업을 시도한다.

문제는 두 경우 모두 높은 실패 확률을 안고 있다는 점이다. 시장에서 요구하는 역량과 개인이 가진 실질 역량 사이에 괴리가 크기 때문이다.

더 심각한 문제는, 사기나 잘못된 투자로 인해 금전적 손실까지 입는 사례도 많다. 한때 명망 있던 이들이 제대로 검증되지 않은 회사에 돈을 투자하는 경우가 있다. 자신이 전혀 모르는 영역에 도전하고 실패하는 경우가 반복된다. 이들은 공통적으로 퇴직 이후 현실을 오판한다. 무엇보다 사전에 아무런 준비를 하지 않았다는 점이 문제다.

직장인들이 퇴직 후 겪는 혼란의 공통점은 계획대로 되지 않았다. 는 것이다. 더 정확히 말하면, 처음부터 구체적인 계획이 없었다. 계획이란 단순한 목표가 아니다. 앞날이 예측대로 흘러가지 않을 가능성을 포함한 현실적인 준비가 되어 있어야 진정한 계획이라 할 수 있다.

따라서 후회 없는 퇴직을 원한다면, 가장 먼저 할 일은 예측 불가능성 자체를 계획에 포함시킨다. 직장에 재직 중일 때부터 자신의 커리어 자산을 정리한다. 지식과 경험을 콘텐츠화하며, 점진적으로 시장과 소통하는 연습이 필요하다. 갑작스러운 퇴직은 누구에게나 닥칠 수 있다. 그 순간 가장 빛을 발하는 것은 오랜 시간 준비해 온 내 브랜드다.

은퇴를 어떻게 준비해야 할까?
 은퇴설계는 조사하고 계획하고 실행해야 한다. '무작정 돈을 벌겠지'라고 안일하게 생각하면 안 된다. 자신이 생각지도 못한 많은 것을 내줘야 한다. 직장 다니면서 은퇴 준비하면, 훨씬 안정적으로 할 수 있다. 모든 게 두려워 아무 생각 없이 세월만 보내다가 은퇴 막바지에 온 사람들은 '퇴사해서 생각해야지'라고 쉽게 말한다. 하지만 이미 퇴사 후엔 초조해진다. 서두르게 되고 실수하게 된다.
 시대적 흐름 속에서 은퇴는 더 이상 직업적 경력의 마무리가 아니다. 새로운 도전의 시작이 되고 있다. 은퇴는 끝이 아니다. 더 많은 기회를 포용할 수 있는 인생의 중요한 전환점이 된 것이다. 이를 위해서는 은퇴를 새로운 출발점으로 인식해야 한다. 변화된 시대에 맞는 준비와 계획을 세우는 것이 필요하다. 은퇴 후에도 경제적 안정과 사회적 역할을 지속하기 위해서는 기술변화에 적응하고, 평생학습을 통한 자기 계발이 필수적이다.
 은퇴 후 성급하게 투자하다가 퇴직금을 다 잃은 분도 만나보았다. 직장 다니면서, 은퇴설계 후 자신을 공부하고 준비한다면 분명 당신은 인생의 시간, 돈도 잃지 않게 될 것이다. 그리고 무엇보다 현재의 직장생활에 스트레스를 덜 받게 된다. 자신의 미래를 준비하고 있어서 맘이 편해질 것이다. 은퇴 전 은퇴 준비해야 하는 현명한 이유다.

04.
언젠가 잘리고 회사 그만둘 때
절대 후회하지 않으려면

언젠가 잘리거나 회사를 그만두게 될 때 후회하지 않으려면, 철저한 준비와 전략이 필요하다. 갑작스러운 상황에 대비해 경제적, 심리적, 사회적, 그리고 전문적 기반을 미리 마련해야 한다. 후회나 두려움을 최소화하고 새로운 기회를 잡을 수 있다. 다시 말하지만, 우리는 현직에 있을 때 은퇴에 대한 철저한 방어 태세를 갖춰야 한다. 사람들은 항상 닥치고 나서 몰아서 걱정하고 호들갑을 떤다.

경제적 준비 안정적인 자금 기반 확보가 중요하다
비상 자금 마련은 갑작스럽게 소득이 중단될 경우를 대비하기 위함이다. 방법은 최소 6개월~1년 치 생활비를 저축한다. 이 돈은 생활비, 의료비, 대출 상환 등을 충당할 수 있어야 한다. 고수익 상품보다 유동성이 높은 통장에 보관한다.

부채 관리는 빚을 최소화하여 경제적 부담을 줄인다. 고금리 대출은 먼저 상환한다. 소비를 줄이고 절약을 통해 부채 상환 속도를 높인다. 소득원 다각화를 만들어야 한다. 회사 외에도 부수입을 창출하는 방법을 모색한다. 주말 부업, 투자(ETF, 배당주), 디지털 콘텐츠 제작, 온라인 비즈니스 등 부수입 창출해야 한다.

목표 설정
장기 목표 : 자신의 장기적인 경력 목표를 명확히 한다. 어떤 직

업을 원하고, 어떤 기능을 개발하고 싶은지 고민해야 한다. 경력과 전문성을 효과적으로 활용하기 위해, 회사에서 쌓은 경력과 전문성은 은퇴 후에도 새로운 기회를 창출하는 데 중요한 자산이 된다. 장기 목표를 세우면, 현재 업무와 경험을 은퇴 후 활용할 수 있는 방식으로 연결할 수 있다.

전문성 강화: 은퇴 후 강사, 고문, 프리랜서로 전환하기 위한 경력 개발한다. 은퇴 후 강사, 고문, 프리랜서로 전환하기 위한 경력 개발 전략이 필요하다. 현재 직장에서 쌓아온 경력과 전문성을 은퇴 후 지속할 수 있는 형태로 발전시키는 것을 목표로 한다. 강점과 약점 파악한다. 내가 잘하는 것, 독특한 경험, 깊이 있는 지식을 리스트로 작성한다. 부족한 기술이나 경험은 보완 계획을 세운다.

강점: 프로젝트 관리, 특정 기술/산업의 깊이 있는 지식이 강점이다.

약점: 프레젠테이션 기술, 디지털 도구 사용 능력 부족이 약점이다.

은퇴 후 어떤 분야에서 강사, 고문, 프리랜서로 활동할지 구체적으로 정의한다.

지금 30대라고 하더라도 지금부터 그 회사에서 얼마나 있을지 모른다. 물론 확률적으로 올해 나이 많은 사람보다는 오랫동안 다닐 수 있다고 생각한다.

이직도 30대 같은 경우 취업이 그리 어려운 일이 아닐 수도 있다. 그런데 직장인이라면 어느 나이의 어느 직급이든지 내가 직장에 다니면서도 대안을 세우는 게 중요하다. 직장을 그만두면 뭘 할 수 있을까? 끊임없이 생각해야 한다. 독립이 맞지 않고, 자영업은 도저히 안 맞으면 이직을 생각해야 한다. 그럼 필요한 생활비도 만들어 놔야 한다. 이 시기에 어울리는 포트폴리오가 돼 있어야 한다. 나를 상품으로 내놓기에 지금 가치가 있는 자격증이나 경영 이런 걸 갖추게 된다. 내가 대안에 대한 생각이 아예 없으면 뭔가 더 성장하기 위해 어떤 동력 자체가 없어진다. 어떤 생각이 있는 것과 안 하는 것은 많은 차이점이 있다. 지금 직장에서 잘 나가든, 잘못 나가든지 나이가 몇 살이든 간에, 인생은 알 수 없는 거다. 회사는 언제 그만둘지 모르는 거다. '예측할 수 없다'라고 생각하는 것에서 출발해야 하는 게 은퇴설계 첫 번째 시작이다.

두 번째 지금 몇 살 이든지 지금부터 당장 시작한다. 우리가 코로나 이전에는 지금 이렇게 살지 몰랐다. 아무도 예상 못 했다. 앞으로 세상도 마찬가지다. 더욱 예상할 수 없는 세상이 된다. 후에 어떤 일이 일어날지 예측할 수 없다. 은퇴설계는 예측할 수 없는 일에 대한 가장 기본적인 나의 방어막이라고 생각한다.

'아직 어린데' 이런 생각하지 말아야 한다. 지금 시작하는 거다. 인생은 모르고 회사는 언제 그만둘지 모르기 때문이다. 두 번째 지금부터 몇 살인지 관계없이 지금 준비한다. 세 번째 자기가 좋아하는 일을 찾아내는 거다. 시작하기로 결심했다면, 그럼 구체적인 목표로 계획, 실행계획 적극적으로 준비해야 한다. 그러면 내가 뭘 좋아하는지를 아는 사전 단계가 이제 필요하다. 인생에서 먹고 살기 위해서 일했다. 인생 2막 나이 들면서는 자기가 좋아하는 일을 해야 효율이 난다. 그리고 행복해진다. 내가 어떤 걸 좋아하는지 정확하게 알아내는 게 중요하다.

나 같은 경우 학원을 하면서도 나중에 언젠가는 글을 써서 먹고 살 거야라고 생각했다. 그게 내가 하고 싶은 일이고 아주 잘하지는 못하지만, 계속 더 잘하고 싶어 노력했다. 그런 일을 하면서 힘들지 않고 재미있다고 느끼기 때문에 계속 찾아냈다.

은퇴 시기는 내가 예상한 못했지만, 나중에 뭘 할까 이미 결정이 나 있어서 자연스럽게 흘러갔다. 그 바탕에는 책을 좋아하는 사람이다. 점점 차고 쌓였던 것 같다. 책을 읽지 않는 사람도 물론 작가가 될 수 있다. 하지만, 확률적으로 좀 떨어진다. 결론은 현재 자기가 뭘 좋아하는지 그 일을 열심히 고민해야 한다. 그 일에 대해서 또 집중할 때, 나중에 인생의 자산으로 모아 놓아야 한다.

은퇴설계, 자신이 좋아하는 일부터 찾기

선배 중에는 가수가 되고 싶었는데, 부모님이 너무 반대해서 대기업에서 직장 생활하다가 퇴직했다. 음악을 좋아하니까 소극장 공연도 하고, 유튜브도 만들고 보컬학원 시작해서 인생 2막을 아주 즐겁게 살아가는 선배가 있다. 그 선배 같은 경우도 계속 음악 하는 친구들이랑 연을 닿아 놓았다. 밥 사주고, 공연 도와주고 했다. 그렇게 명확하게 자기가 좋아하는 일이 있으면 퇴직 후에 생업으로 좋아하는 일을 하는 게 그렇게 어렵지 않다.

내가 좋아하는 어떤 일을 나중에 직업으로 연결하기 위해서 취미활동이든 노력하는 게 결국 자산이 된다. 내가 모른다고 하면, 일단 내가 좋아하는 걸 백 가지만 써보라고 하고 싶다.

그 안에 모든 직업이 다 녹아 있다. 그래서 그걸 찾아내는 노력이 필요다. 내가 좋아하는 100개 쓴다고 끝나는 게 아니라 실제로 경험해 보는 것도 굉장히 중요하다.

미리 준비해서 관심을 가지고 자꾸 이거저거 관심 가지고 많이 해보는 게 은퇴 후 충격을 줄일 수 있다. 여러 가지 해본 사람하고, 아무 준비 없이 어떤 일을 맞닥뜨려 절벽 아이템을 잡아놓고 하는 사람과 승률이 다르다.

둘째는 자기 성향을 파악해 보는 게 좋다.

사무실에서 일을 잘하는 사람이 있다. 밖에 나가서 사람들을 만나서 일을 잘하는 사람이 있다. 자기 성향에 맞는 일을 할 때 더 일을 잘할 수 있다. 자기가 종일 가게에서 똑같은 일을 반복하는 게 싫다면 돌아다니고 싶어 한다. 자기 성향을 파악하는 것이 중요하다. 나의 지금 인생 2막을 어떻게 펼쳐 갈까. 어떤 범위를 줄이는 데 가장 중요한 기본이 된다.

은퇴설계 준비를 어떻게 해야 할까? 장기적으로, 전략적으로 준비해야 한다. 체력을 기르기 위한 준비를 동시에 한다. 직장 생활 하면서 체력을 길러야 한다. 조직 안에 있는 것과 혼자서 일하는 것과는 체력적으로 다르다. 조직에 있을 때는 울타리가 있는데, 은퇴 후에는 혼자서 처리해야 일이 많다.

내가 은퇴를 언제 할 것인지 잠정적으로 정해본다

첫째, 내가 회사에 있고 싶은 기간까지 정한다. '나는 여기서 일 잘해서 진급하고, 임원까지 할 거야'라고 정할 수 있다.

둘째, 후배들 보면 3년 정도면 좋을 것 같아. 라고 정하고 3년 동안 은퇴 준비를 철저하게 한다.

셋째, 내가 생각했던 것보다 더 일찍 은퇴한다면 어떻게 해야 할까? 미래에 대한 계획을 세워야 한다.

노트에 은퇴하게 되면 어떻게 하면 좋을까? 생각하며 적어 본다. 내가 하고 싶은 것을 한 가지만 생각하지 말고, 다양하게 생각하고 자료조사를 해본다. 그리고 실질적으로 부딪쳐 본다. 내 몸으로 경험해 보지 않으면 은퇴 후 결정하기 어렵다. 직장을 다니면서 은퇴 준비를 하게 되면 스트레스가 줄어들고 회사에서 더 일을 잘하게 된다. 회사에서도 CEO 마음으로 바뀌게 된다.

05.
가치를 만들고
시간을 투자하는 방법

은퇴설계 후 시간을 낭비하지 않기 위해서 알찬 하루를 만드는 시간 관리 비법이 필요하다.

은퇴 후 시간 관리법

요즘 당신이 가장 많은 시간을 쏟는 것은 무엇일까? 직장인이라면 직장에서 일, 집안일 육아 학생이라면 공부 등이라고 할 수 있다. 인생의 전반부에는 하루 대부분 시간을 차지하는 여러 가지가 있다. 그럼, 인생 후반부에 무엇을 하며 시간을 보내야 할까? 길어진 인생 후반전 일터에서는 퇴직했다. 그러면서 자연스럽게 사회생활도 줄고 자녀 육아도 끝났고 체력은 약해졌다. 학업도 끝났다. 100세 시대가 되었지만, 인생 후반부 50년은 무엇을 내 일상의 중심에 놓아야 할지 모르는 분들이 많다.

은퇴 후 마주하게 될 8만 시간, 11만 시간 잘 관리해야 한다. 평균 수명의 연장으로 노후 생활은 60세 정년퇴직 후에도 30년 이상 지속된다. 일상생활에 꼭 필요한 수면 식사 가사노동 등의 시간을 제외한 여가가 무려 8만 시간, 심지어 11만 시간까지 될 수 있다고 한다. 이제 남은 8만 또는 11만 시간을 어떻게 보내느냐가 은퇴 후 삶의 질을 결정한다. 일 중심적으로 살아온 남성들의 경우, 은퇴 후 공허감이 심하다는 것을 뉴스에 봤다.

은퇴 후 남성들의 시간 관리에 주목할 필요가 있다. 시간에 대한 관리 개념 없이 은퇴 후 삶과 맞닥뜨린다면 십중팔구 무기력한 일상을 보내기 쉽기 때문이다. 은퇴 후 시간 관리법이 습관화 패턴화로 내 일상의 루틴을 만들어야 한다.

은퇴 후 시간이 생기면서 길어진다. 은퇴하면 막연하게 '이제 시간도 많고 하고 싶은 걸 하면서 살겠구나' 생각한다. 막상 시간이 많아지니까 뭐부터 해야 할지 모르겠다고 이야기한다. 하루가 길게만 느껴지고 어느 순간엔 시간이 그냥 흘러가 버린 것 같다.

이제는 은퇴 후 시간을 어떻게 관리해야 하는지 확실히 알게 됐다. 은퇴 후에도 시간 관리는 중요하다. 시간을 잘 관리하면 은퇴 후에도 정말 보람차고 즐거운 하루하루를 보낼 수 있다.

나만의 알찬 시간 관리 5가지 방법
첫째, 나만의 일정을 만들어라.

은퇴하고 나서 느낀 건, 일정이 없으면 시간이 정말 흘러가는 대로 가버린다. 직장 다닐 때는 정해진 시간표대로 움직였다. 은퇴 후에는 그런 일정이 없으니까, 하루가 그냥 흘러간다. 처음엔 이게 너무 편할 줄 알았다. 그런데 아무것도 하지 않으면 오히려 불안해져 나만의 일정을 만들기 시작했다. 아침에 일어나서 간단한 운동을 한다. 그다음에는 책을 읽거나 산책하는 시간을 정했다. 친구를 만나거나 취미 활동하는 시간을 가지면서 하루를 구체적으로 계획했다. 계획을 세워두면 그날 할 일은 꼭 하게 된다. 일정 덕분에 하루가 더 의미 있게 느껴진다. 무엇보다도 내가 주도적으로 시간을 사용하는 느낌이 좋았다.

둘째, 배우고 성장하는 시간을 가져라.

은퇴했다고 해서 배우는 걸 멈출 필요는 없다. 은퇴하고 나서부터 새로운 것들을 배우는데 더 많은 시간을 쓰기 시작했다. 예전엔 시간이 없어 배우지 못했던 것들을 이제는 마음껏 배울 기회가 온 것이다. 미뤘던 영어 공부도 하고, 사진 찍기도 배우기 시작했다. 카메라를 들고 다니면서 여기저기 풍경을 찍어 본다. 새로운 시선으로 세상을 보는 기분이다. 배움은 나이를 가리지 않는다. 오히려 은퇴 후 시간이 생기면서 더 깊이 있는 배움의 기회를 잡을 수 있다. 책을 읽거나 온라인 강의를 들으면서 스스로 성장해 나가는 게 즐겁다. 은퇴 후에 배우는 시간을 가져야 한다. 배움을 통해 더 나은 자신을 발견할 수 있고 하루하루가 훨씬 보람차게 느껴진다.

셋째, 하루에 꼭 한 가지 목표를 정하라.

은퇴하고 하고 싶은 일이 많아졌다. 여행도 가고 싶고 운동도 하고 싶다. 예전부터 배우고 싶었던 것들도 해보고 싶다. 그런데 막상 이것저것 다 하려고 하다 보니까 정작 아무것도 제대로 하지 못하고 시간만 흘러간다. 그래서 하루에 한 가지 목표만 정하기로 했다. 예를 들어 오늘은 5km 걷기라든 책 한 권 다 읽기 같은 작은 목표를 세운다. 그러면 그 하루는 그 목표를 이루기 위해 집중할 수 있다. 목표를 달성하면 성취감도 높아진다.

넷째, 크고 하루가 훨씬 의미 있게 느껴진다.

중요한 건 목표를 너무 크게 잡지 않는다. 작은 것부터 시작해 그걸 완수하는 데 집중한다. 제가 하루에 목표를 한 가지씩 정하면서 느낀 건 작은 성취들이 쌓이면서 점점 더 자신감이 생기게 된다. 큰일을 해내는 것보다, 작은 일들을 차근차근 이루어 나가는 과정이 훨씬 의미 있고 즐겁다. 하루에 한 가지 목표를 정해본다.

그게 운동이든, 책 읽기든, 어떤 일이든 상관없다. 그 목표를 이뤄내는 순간 하루가 더 소중하고 알차게 느껴질 것이다. 나를 위한 시간을 가지자 은퇴하고 나서 가장 좋은 건 이제 나만의 시간을 가질 수 있다는 거다. 직장 다닐 때는 늘 바빴다. 이제는 조금 더 나 자신을 돌볼 시간이 생겼다.

다섯째, 은퇴 이후라도 삶의 여백을 가져라.

그 여백으로 인해 풍성해지는 일상과 만나게 된다. 배움을 여가 활동으로 멍때리는 시간이 있다면, 적극적으로 여가 활동을 즐기는 시간도 필요하다. 배우거나 사람들과 함께 사회활동을 하거나, 봉사활동을 한다. 새롭게 배운 지식이나 기술로 봉사를 할 수도 있다. 젊은 세대 못지않게 문명의 발달을 누릴 수도 있다. 쇼핑도 온라인으로 하고, 집안에 앉아서 공모주 청약도 하고 배달 음식도 시켜 먹는다.

노는 것도 준비가 필요하다. 은퇴하면 놀 시간이 많다. 하지만 막상 은퇴하면 뭘 하며 놀아야 할지 모르는 경우가 많다. 일하는 틈틈이 취미 생활을 지속해온 사람들은 은퇴 후 주어지는 시간이 두렵지 않다. 배드민턴이나 테니스처럼 과격한 운동도 젊은 시절부터 지속해온 사람들은 나이 들어도 계속 즐길 수 있다. 몸의 근육들이 길들어 있기 때문이다. 은퇴 후 갑자기 하려고 하면 마음처럼 되지 않는다.

오랜 세월 무뎌지고 노화된 감각을 60세 넘어서 깨우기란 쉬운 일이 아니다. 취미는 현업일 때부터 조금씩 발전시키는 것이 좋다. 마음에 맞는 취미를 찾아야 한다. 은퇴 후 즐기는 시간을 대폭 늘린다. 나이를 떠나서 뭐라도 잘하는 것이 있으면, 스스로 자부심이 느껴지고 타인에게 긍정적인 인상을 주게 된다. 일과 자녀의 집중했던 시선을 거둔다. 나의 취향과 취미에 집중해 본다. 은퇴 후 일상이 즐거워진다고 전문가들은 말한다.

나다운 자아 찾기 지금 은퇴하는 세대에게 자아란 쉽지 않은 개념일 수 있다. 배울 때도 일할 때도 대중적인 목표를 향해 끊임없이 경쟁하는 방법만 배웠기 때문이다. 사춘기조차 사치스러웠을 사람에게 은퇴 후 자아를 찾아보라는 얘기는 공포일 수도 있다. 이제라도 하는 것이 좋다. 사회나 가정에서 필요하지 않은 존재라는 생각에 마음이 무너지고 공허해질 수 있다.

내가 즐길 수 있고 내가 만족감을 느낄 수 있는 일이라면 된다.

첫 번째, 배움이나 직업에서 성과를 내지 못하고 패자 같은 느낌을 받았다면 오히려 그것은 인생 후반전을 준비할 수 있는 가장 강력한 자산이 된다. 젊은 시절, 우리는 누구나 결과에 목말라하며 살았다. 좋은 성적, 좋은 직장, 눈에 띄는 성과.

하지만 그런 결과가 기대만큼 따라주지 않으면, 스스로를 실패자라 규정하고 위축되기 쉽다. 인생은 마라톤이고, 은퇴는 결승점이 아니라 새로운 구간의 출발점이다. 과거의 좌절은 더 이상 흠이 아니다. 겪어봤기에 말할 수 있는 통찰, 넘어졌기에 도울 수 있는 손, 그것이 은퇴 후 지식과 경험이 빛나는 순간이 된다. 이제는 '성과'가 아닌 '성장'에 주목할 때다. 지금까지의 실패는 더 이상 당신을 규정하지 않는다. 오히려 그 실패를 겪지 못한 사람은 줄 수 없는, 공감과 실질적인 조언을 줄 수 있다. 실패는, 누군가를 돕는 언어로 바뀔 수 있다. 열등감보다는 기회로 전환하는 연습이 필요하다.

두 번째, 인생에서 반전을 맛볼 수도 있다. 속도와 암기는 떨어지지만, 끈기와 성실함 진지함으로 남들과 다른 결과를 만들어 낼 수 있다. 내가 어떤 사람인지 고민해야 한다. 멍때리기를 좋아하는지, 운동을 좋아하는지, 봉사 다니는 것을 좋아하는지, 글쓰기를 좋아하는지, 취미로 조금씩 맛보며 접해본다. 나를 찾아가는 길이다. 자아를 찾는 작업은 은퇴 후 삶의 방향성을 찾는 매우 중요한 작업이다.

은퇴는 경력과 경험을 바탕으로 새로운 가치를 창출할 수 있는 중요한 시기다. 단순히 과거의 성취를 뒤로 하고 쉼을 찾는 게 아니다. 그동안 쌓아온 자산을 바탕으로 새로운 기회를 모색하는 것이 필요하다. 자신만의 전문성으로 살려 다른 사람들에게 도움을 준다. 새로운 사업을 시작해 경제적 성취를 이뤘거나, 사회에 이바지하며 더 큰 의미를 찾는 등 경력과 경험을 활용하는 방법은 다양하다. 이처럼 경력과 경험을 효과적으로 활용한다. 은퇴 후의 삶은 더욱 풍요롭고 의미 있는 시간이 될 것이다.

넘치는 시간과 제한된 소득이 두 가지 자원을 어떻게 효과적으로 계획하고 관리할 것인가. 인생 후반부 삶의 질을 결정짓는 중요한 요소다. 예전부터 하고 싶었던 일, 지금 할 수 있는 일들을 실천하고 지속할 수 있는 여가를 개발해 나가려는 태도가 중요하다. 사람은 성장하는 동안은 늙지 않는다고 한다. 노력하는 사람은 75세까지 인간적 성장을 할 수 있다고 한다. 현명한 은퇴설계 준비로 행복하고 풍요로운 노후를 보내길 바란다.

06.
은퇴 후 지식노마드로
살아가는 삶의 즐거움

지식노마드는 지식과 경험으로 가치를 만들어 내는 전문가다. 나만의 시스템을 만들어 평생 자유로운 삶을 지속할 수 있는 자생력을 갖춘 사람이다. 전문가의 삶을 살아가는 지식노마드는 나이도, 성별도, 학벌도 심지어 자본도 필요하지 않다. 자신이 선택한 분야에 체계적인 지식이나 경험과 노하우를 갖고 글 또는 말이나 영상으로 표현할 수만 있으면 된다. 이러한 표현을 통해 다른 사람을 성공적으로 도울 수 있다. 그로 인한 무한한 사업적 가치를 지니게 된다.

평행 현역으로 살고 싶은 사람
직장을 벗어나 지식과 경험을 돈으로 바꾸고 살고 싶은가?
자신의 몸값을 스스로 정하면서 당당히 수입을 창출하고 싶은가?
자기 능력을 브랜드로 만들어 내고 싶은가?
나다움의 길을 만들며 평생 자유롭게 살고 싶은가?
그렇다면 답은 하나다. 지식노마드가 돼라!
지식노마드는 머릿속 지식과 경험의 축적치로 지식 기반 일을 하는 사람들이다. 깊이 있는 지식과 직접 실행하며 얻은 경험을 무기 삼아 어려움을 겪는 사람들에게 삶의 지혜를 나눈다. 문제를 해결해 주는 가치 있는 일을 하는 전문가들이다. 따라서 마음만 먹으면 언제 어디서든 자신만의 영역을 확장하고 새로운 일을 창출해 낼 수 있다. 강사, 작가, 번역가, 기획가, 프로그래머, 마케터, 디자이너, 컨설턴트, 블로거, 유튜버, 크리에이터 등 창작활동을 하는 사람이 지식노마드에 속한다.

또한 기존 세상의 패러다임과 습관에 얽매이지 않는다. 평생 자유로운 삶을 살 수 있는 나만의 시스템을 장착한 사람들이다. 배움을 통해 끊임이 자신을 성장시키고 자산의 몸값을 스스로 측정하며 내가 어떤 능력을 갖춘 사람인지 자신의 브랜드를 적극적으로 만들어 낸다.

'은퇴는 회사 다닐 때 미리 준비해라'라는 소리를 많이 듣는다. 은퇴 준비가 필요한 이유는 개인의 경제적 안정, 심리적 만족, 그리고 삶의 질 향상과 관련된 다양한 도전과 기회에 대비하기 위해 필수다. 은퇴 후 어떻게 먹고살지, 뭘 하고 살지, 누구를 만나고 살지는 단순하지만, 반드시 되짚어야 할 화두다. 은퇴 후 집에만 있는 생활은 감옥 생활과 다름없다.

스스로 퇴직했다면, 다른 일자리를 거머쥐어야 한다. 어쩔 수 없이 떠밀렸거나 어려움이 있다. 일자리를 찾기 어렵다면, 지식창업을 준비해야 한다. 뭔가를 하며 시간을 보낼 만한 일을 만들어야 한다. 안 그러면 심심해 죽거나 답답해 죽는다.

경제적 안정이 필요하기 때문이다. 은퇴 후에는 수입이 감소한다. 은퇴 후에는 정기적인 급여가 사라지고, 국민연금, 개인연금, 퇴직금 등 제한된 소득으로 생활해야 한다. 하지만 대부분은, 연금과 퇴직금만으로 은퇴 전과 비슷한 생활 수준을 유지하기 어렵다. 예를 들어 월평균 소비 수준이 300만 원이라면, 국민연금으로 충당할 수 있는 금액은 약 40~60% 수준이다.

예상치 못한 비용이 발생한다. 노년기에 접어들수록 의료비, 간병비, 주택 유지 비용 등이 증가한다. 장기적으로 예측하기 어려운 경제적 위기나 갑작스러운 사고에도 대비해야 한다. 현재의 1만 원이 10년 후에는 훨씬 낮은 구매력을 가질 수 있다. 물가 상승을 고려한 장기적인 자산 관리와 투자 계획이 필요하다.

은퇴 후 기간의 연장

평균 기대수명이 증가하면서 은퇴 후 생활 기간이 길어지고 있다. 기대수명이 80세 이상인 경우, 60세에 은퇴하면 약 20년 이상 동안 은퇴 자금이 필요하다. 은퇴 후 안정적인 소득 없이 긴 시간을 보내야 한다. 충분한 자금을 마련하지 않으면 기본적인 생활 유지조차 어려울 수 있다.

100세 시대를 맞아 은퇴 후에도 수익을 창출하거나 자금을 효과적으로 운영하는 전략이 필요하다. 삶의 질 유지를 위한 준비가 필요하다. 준비되지 않은 은퇴는 가족이나 자녀에게 경제적 부담을 전가할 가능성이 있다. 자신의 노후를 스스로 책임질 수 있는 경제적 독립은 삶의 질을 높이는 핵심 요소다.

은퇴 후 원하는 삶을 살기

은퇴 후에는 여행, 취미활동, 사회공헌 등 개인이 원하는 활동에 시간을 쓸 수 있는 기회가 많다. 이를 위해 필요한 자금과 자원을 미리 계획해야만 원하는 삶을 실현할 수 있다. 직장에서의 은퇴는 단순한 업무 종료를 넘어, 사회적 역할과 정체성을 잃는 경험으로 이어질 수 있다. 준비되지 않은 은퇴는 우울감, 소외감, 상실감을 초래할 수 있다. 은퇴 후에도 삶의 목표를 설정하고 새로운 가치를 창출하기 위해서는 미리 준비가 필요하다. 은퇴 후 봉사활동, 취미 개발, 재취업 등을 통해 사회적 관계를 유지하고 자아를 실현해야 한다. 은퇴 후 가족과 보내는 시간이 증가하지만, 준비 없이 은퇴하면 경제적 부담이나 관계 갈등이 발생할 수 있다.

직장 내 기회 활용: 은퇴 후를 위한 기반 다지기

회사 제공 자원을 활용해야 한다. 회사에서 제공하는 교육 프로그램, 경력 개발 기회, 네트워킹 이벤트 활용한다. 회사에 있을 때 은퇴 후를 위한 기반을 다져야 한다. 사내외 학습 플랫폼, 자격증 지원 제도 관계와 네트워크를 형성해야 한다.

직장 동료 및 업계 전문가들과의 관계를 통해 은퇴 후 기회를 확장하는 방법을 공부하고, 나의 전문성을 강화한다. 현재 직무에서 전문성을 쌓아 프리랜서, 고문, 강사 등으로 전환 가능성을 확보해야 한다. 직장 내외에서 1년에 한 번은 새로운 기술이나 자격증을 얻기 위한 계획 세운다.

은퇴 후에도 수익을 창출하는 방법이 있어야 한다. (컨설팅, 강의, 재택근무 등). 창업 및 사업 아이디어 소규모 창업(온라인 비즈니스, 공예품 제작, 소셜 미디어 활용) 등 다양한 방법이 있다. 결론은 오늘부터 시작하라. 지금부터 준비하면 미래는 달라진다. 돈은 일찍 준비할수록 더 많이 늘어난다. 복리의 마법이다. 작은 실천이 은퇴 후 삶에 큰 변화를 가져올 수 있다. 구체적인 행동 계획을 세우고 매일 실천하는 것이 중요하다.

나이 들어서도 나답게, 자유롭게 살아가는 법

은퇴는 끝이 아니라 다른 삶의 방식을 선택할 기회다. 더 이상 조직에 매이지 않고, 스스로 일의 주체가 되어 살아가는 사람들. 그들은 지식노마드라고 불린다. 지식노마드는 특정 사무실이나 조직에 소속되지 않는다. 자신이 가진 지식과 경험을 활용해 다양한 방식으로 수익을 창출하는 사람이다. 이들은 디지털 기술과 콘텐츠 도구를 활용해 글을 쓰고, 강의하고, 상담하고, 창작한다. 나이도, 자본도, 학벌도 중요하지 않다. 중요한 것은 단 하나, 자신의 경험을 나만의 방식으로 표현하고, 타인의 문제 해결에 기여하는 사람이다.

지식노마드란, 살아 있는 콘텐츠가 되는 사람

은퇴 이후 지식노마드로 살아가는 삶은 단지 경제적 수단만이 아니다. 그것은 자기 삶을 콘텐츠로 바꾸고, 그것을 통해 다른 사람을 돕는 삶의 방식이다. 단 한 사람의 삶이라도 변화시킬 수 있는 지식, 그 지식이 반복될 때 삶은 자산이 되고, 비즈니스가 된다.

은퇴 후 삶이 지루하고 불안하다면, 지금까지 살아온 인생을 다시 돌아보자.

당신이 지식노마드가 되는 순간, 그 경험은 단순한 기억이 아니라 콘텐츠가 되고, 가치가 되며, 자산이 된다.

Ch 4.

은퇴설계, 지식창업으로 평생 현역으로 살기

01.
자신의 지식과 경험
아이디어로 지식 창업하기

지식창업이란?

현대 사회에서 놀라울 만큼 발전했다. 의학과 향상된 생활 조건 덕분에 수명이 100세를 넘어가고 준비해야 하는 시대가 되었다. 우리 모두 마주하는 새로운 현실이기도 하다. 이 긴 노후를 어떻게, 어떤 방식으로 보내야 할까? 은퇴 후에도 일하며 평생 현역으로 산다면 제일 좋은 삶이다. 은퇴 후에도 안정적인 수입을 유지할 방법이 필요하다. 자신이 가지고 있는 전문 지식과 경험으로, 지식창업을 통해 자신의 전문 지식을 활용하여 수익을 창출할 수 있다.

시니어, 신중년이란 단어는 예전에는 많이 사용하지 않는 단어들이다. 최근에는 시니어, 신중년이란 단어를 많이 사용한다. 예전에 은퇴한 분들은 아끼고 하던 세대였다. 지금은 아끼고만 살지 않는다. 은퇴 후에도 자신에게 투자하고 배우고 하는 삶을 살고 있다.

시니어라는 단어에서 느껴지는 한계는 어디까지일까? 우리는 잘못된 관점에서 그것을 바라보고 있을지 모른다. 시니어라는 것은 단지 '나이'가 아니다. 그것은 그 사람이 살아온 지혜와 경험, 그리고 삶의 다양성을 지닌 값진 존재다. 시니어는 우리 사회에서 가장 중요한 자산 중 하나다. 하지만, 지식과 경험을 최대한 활용하지 못하고 있는 경우가 많다.

우리나라 사람들은 대부분 자신이 가진 지식과 경험의 가치를 낮게 생각한다. 지식과 경험이 가진 진정한 가치를 잘 모르기 때문이다. 하지만 불경기가 지속되고 다양한 어려움으로 힘들어하는 사람이 많아지며 상황은 조금씩 달라지고 있다. 자신의 경제적 문제를 해결하기 위해 다른 사람의 지식을 사는데 기꺼이 대가를 내는 사람이 늘어난다. 그들은 지식과 경험이 가진 진정한 가치를 안다. 다른 사람의 지식을 통해 삶이 나아지기를 깨닫고 다른 사람의 지식을 통해 삶이 나아지기를 바란다. 앞으로는 자신의 전문 지식과 경험, 아이디어가 인정받게 된다.

나는 삶이 고단할 때 책을 읽었다. 책을 읽으면서 다른 사람의 지식과 경험을 돈을 주고 샀다. 뇌 과학 뇌 훈련을 배울 때 돈을 투자했다. 책 쓰기를 하면서 돈을 투자했다. 세상에 거저 되는 건 없다. 돈을 주고 정당한 대가를 내며 배운다. 내 지식과 경험이 돈이 될 수 있다는 사실을 알게 됐다. 돈을 주고 다른 사람의 지식과 경험을 사고, 내 것으로 만들려고 많이 노력했다. 속독을 배웠기 때문에 책을 읽고 인생이 바뀌었다. 책 쓰기 배워서 내가 책을 쓰고 작가가 되었다. 작가가 되니까 나에게 많은 기회가 찾아왔다. 책을 쓰고 작가가 되니까 어떻게 지식 창업해야 하는지 배우게 됐다.

나의 지식과 경험, 아이디어로 책 쓰기 코칭하고 있다. 공저로 책 쓰기, 경력 단절된 여성들이 책을 써서 작가가 되고 세상 밖으로 나올 수 있도록 돕고 있다. 자신이 없으면 세상 밖으로 나오기가 어려운데, 지식과 경험이 수익이 될 수 있다는 개인 브랜딩의 중요성에 대해서 널리 알리고 있다.

지식창업의 중요성

고등학교 선생님이 찾아왔다. 은퇴를 앞두고 있는데 학생들 가르치는 일만 해서 다른 일을 모른다고 말씀하셨다. 은퇴 후 어떻게 하면 되는지, 어떤 방법이 있는지 컨설팅을 의뢰했다. 고등학교 선생님과 많은 이야기를 나누었다. 이야기도 나누고 중간에 필요하면 전화 상담도 해드렸다. 결론은 선생님이 책 쓰고 강연하는 지식창업을 통해 극복했다. 지금은 지식창업 콘텐츠가 많이 없지만, 지속해서 가능한 일이다. 자신처럼 준비 없이 은퇴를 경험하는 많은 직장인들에게 자신의 지식과 경험을 활용해 은퇴 후 교육하고, 인생 2막을 즐겁게 살고 있다. 같은 동료 선생님들께도 책 쓰기의 중요성을 알리고, 선생님들이 공저에 참여했다. 고등학교 선생님은 나에게 컨설팅받고 책 쓰며 가슴이 뜨거워진다고 말했다. 그동안 학교만 열심히 다녔지, 지식창업에 대해서 전혀 모르고 살았다고 했다. 책을 쓰고 강연 다니고 하는 일은 특별한 사람만 가능하다고 생각했다고 한다. 자신이 이렇게 변하게 되고 다시 공부하는 마음이 든다고 했다. 특별하지 않고 평범한 사람일수록 자신의 지식과 경험, 아이디어로 위험이 적은 지식창업에 도전할 수 있다. 은퇴 후 지식창업을 하게 되면, 평생 현역으로 일할 수 있다.

50대부터 60대까지 은퇴하는 분들을 상담해 보면 고급인력이 많다. 안정적인 직장을 다니며 열심히 일 한 분들이다. 갑자기 찾아온 은퇴 후 어떤 삶을 살아야 할까? 많이 고민하고 있다. 이런 분들에게 1인 지식창업에 도전할 수 있도록 나의 기술을 알려주고 있다. 1인 지식창업에 도전한 사람들은 특별한 사람이 아니다. 우리 주변에서 볼 수 있는 평범한 사람들이다. 인생을 살면서 경험한 자신만의 지식과 아이디, 기술을 활용해 1인 지식창업에 도전한다.

은퇴 후 창업을 준비하는 사람의 대부분은 아직도 자신의 지식과 경험의 엄청난 가치를 모르고 다른 사람의 콘텐츠에 의지해 창업한다. 은퇴 후 성공한 멋진 인생을 꿈꾼다. 평생 현역으로 살고 싶다면, 자신의 전문 지식과 경험으로 지식창업에 도전하자.

이제는 생각을 바꿔 은퇴설계와 동시에 인생의 지식과 경험으로 창업해야 한다. 점포 창업은 경험이 없으면 크게 손해를 보는 경우가 많다. 학원을 운영해 봤다. 점포 창업을 해봤다. 학원은 누구나 쉽게 창업할 수 있다. 예전과 다르게 학생 수가 줄어 학생 수를 유지하는 데 많은 홍보비용이 들어간다. 오로지 학생들 성적에만 신경 써야 한다. 학생들 성적이 떨어지면 학기가 바뀌면 우르르 다른 학원으로 옮기려고 떠나간다. 내가 운영하는 주변에 학원장들과 이야기 나누어 보면 같은 말을 한다. 시험 기간에는 단기간에 성적을 올리기 위해서 주말 아침부터 나와서 학생들을 관리한다. 시간 투자 대비 비효율적이란 생각이 든다.

지식창업은 경험에서 오는 기술이 핵심이다. 경험이 많을수록 유리하다. 하지만 경험만 있다고 전부 성공할 수는 있는 것은 아니다. 그 경험을 어떻게 지식으로 만들고 수익을 창출할 수 있을까? 미리 연구하고 공부해야 하는 시대가 됐다. 그리고 만들어 낸 지식을 어떻게 차별화할 것인지 효율적인 판매 방법도 공부해야 한다. 이 밖에도 지식창업으로 성공하기 위해 준비해야 할 게 많다. 혼자서 창업 준비하다 보면 잘 몰라서 어려움을 겪는 경우가 많다. 이때 혼자서 고민하지 말고 믿을 수 있는 전문가의 도움을 받아 빠르게 창업을 준비하는 게 현명한 선택이다.

시니어의 세계는 풍부한 경험과 지식으로 가득 차 있다. 이것을 누구에게, 어떻게 전달해야 할지를 모르는 분들이 많다. 단순히 지식을 팔아서 돈을 버는 방법을 가르치는 게 아니라, 지신이 가진 지식을 어떻게 가치 있는 상품으로 전환 시킬 수 있는 알려준다. 지식창업이란 새로운 세상을 향한 도전이다. 도전에 앞서 자신만의 지식과 경험을 찾아내고, 그것을 어떻게 다른 사람들에게 가치 있는 형태로 제공할 수 있을지에 대한 방법을 배워야 한다.

저절로 돈이 벌리는 시스템을 만드는 7가지 방법

첫째, 개인 브랜드로 이름을 알려라.

제한된 시간 안에 수입을 늘리는 가장 좋은 방법은 시간당 사용되는 당신의 가치를 높이는 것이다. 자신의 분야에서 전문성을 인정받고 이름을 알리게 되면 그 영향력에 걸맞은 몸값 책정이 가능하다.

둘째, 온라인 강의를 진행하라

온라인 강의는 정해진 시간 안에 한정된 인원이 아닌 다수의 사용자에게 혜택을 줄 수 있다. 그만큼 사용자들의 클릭 비율이 높아지면 수입도 무제한으로 늘어나게 된다.

셋째, 블로그 광고 수익을 만들어라.

블로그는 체험단, 유료 포스팅비로도 수익이 발생할 수 있지만 광고 수익으로도 수익 창출이 가능하다. 블로그에 광고 배너가 달리고 광고를 클릭하는 수만큼 수익이 발생하게 된다.

넷째, 전자책을 만들어라.

온라인 강의 진행하거나 블로그를 작성하게 되면 관련 콘텐츠에 대한 정보가 쌓이게 된다. 그 정보를 바탕으로 내용을 보충해서 전자책을 만들어 보자.

다섯째, 유튜브 방송을 시작하라

앞으로 자신의 채널을 가지고 있는 사람이 가장 유리한 세상이 될 것이다. 온라인 강의나 블로그에 올린 정보를 자신의 핸드폰으로 찍어 올리면 된다.

여섯째, 지능형 판매점을 이용하라

지능형 판매점을 이용하여 자신의 지식 서비스를 판매해보자. 요즘 지능형 판매점은 물건만 판매하지 않는다.

일곱째, 책을 출간하라

책은 해당 분야의 전문성을 검증받을 수 있는 좋은 도구다. 따라서 책을 낸 저자가 되면 가치를 인정받게 되고 책을 통해 다양한 기회를 만들 수 있다.

지식창업의 길은 항상 열려 있다. 이제 당신이 선택하고 실천하기만 하면 된다. 그리고 인내와 끈기로 성장하는 과정을 즐기기만 한다면 당신이 원하는 지식창업의 삶을 마음껏 누릴 수 있다.

02.
은퇴 후 지식창업으로 인생 역전하라

"은퇴 후 과연 인생 역전을 할 수 있을까요?" 이렇게 질문하는 경우가 많다. 답변은 "할 수 있다." 나는 1인 지식창업으로 인생을 역전했다. 지식창업으로 꿈을 이뤘다. 인생 역전을 꿈꾼다면 지금 시작하면 된다.

학원 개원할 때 내가 가진 돈과 부족한 나머지 돈을 빌려서 화려하게 자영업을 시작했다. 내 돈과 시간을 다 투자했다. 내 모든 걸 걸고 학원에 전념했다. 처음에는 잘 됐다. 하지만 점포 자영업은 점점 힘들다는 생각이 들었다. 하지만 지식창업은 점포 창업에 꼭 필요한 매장, 실내장식, 가맹비, 직원 등이 없이도 노트북과 전화기만 있으면, 창업이 가능하다. 언제 어디서든지 일을 할 수 있다. 여행을 가서도 할 수 있고, 카페에 앉아서도 일을 할 수 있다.

"조직에 몸담지 않아도 된다. 대단히 뛰어나지 않아도 된다. 모든 것을 잘할 필요도 없다. 하찮게 생각했던 당신의 경험, 당신의 이야기, 당신의 메시지는 수많은 사람이 목말라하는 가치다. 당신의 이야기는 당신이 생각하는 것보다 훨씬 더 어마어마한 가치를 갖고 있다. 당신은 수백만 명의 사람들에게 메시지를 전달할 수 있고, 그 대가로 수백만 달러를 벌 수 있다. 나 자신이 이를 증명해 왔고, 내가 가르친 사람들도 그러했다."

〈백만장자 메신저 중에서〉

지식 창업하는 사람들에게 널리 알려진 책이다. 이 책에서도 밝혔듯이 당신의 경험, 당신의 이야기가 돈을 벌 수 있다고 말하고 있다. 지식창업은 자신의 전문 지식과 경험을 바탕으로 창업하는 것을 말한다. 이를 통해 인생 역전을 이룬 사례가 많다.

한 전문가는 자신의 전문 분야인 마케팅 분야에서 지식창업을 시작했다. 그는 자신의 전문 지식과 경험을 바탕으로 마케팅 컨설팅 회사를 설립했다. 다양한 기업의 마케팅 전략을 제공하고 있다. 이를 통해 그는 많은 수익을 창출한다. 자신의 전문 분야에서 인정받는 전문가가 되었다. 그리고 자신을 경험과 지식을 가지고 후배들을 코칭하고, 자신과 같은 일을 원하는 후배를 양성하며 인생 역전에 성공했다.

또 다른 예로, 한 작가는 자신의 전문 분야인 글쓰기 분야에서 지식창업을 시작했다. 그는 자신의 전문 지식과 경험을 바탕으로 글쓰기 강의를 개설했다. 다양한 사람들에게 글쓰기 기술을 가르치고 있다. 이를 통해 그는 많은 수익을 창출하고, 자신의 전문 분야에서 인정받는 작가가 됐다. 작가를 양성하는 책 쓰기 양성 과정을 계속 진행하며 인생 역전에 성공한 사례다.

이처럼, 지식창업을 통해 인생 역전을 이룬 사례는 많이 있다. 자신의 전문 지식과 경험을 바탕으로 창업한다. 자신이 가지고 있는 능력을 최대한 발휘할 수 있다. 많은 수익을 창출할 수 있다.

월급이 아닌 1인 지식창업으로 돈 벌기

월급은 단지 내가 먹고사는 문제를 해결해 줄 정도에 지나지 않는다. 차를 사면 할부가 늘어나고 집을 사면 대출이 늘어난다. 아이들이 크면 만만치 않은 교육비가 들어간다. 받은 월급에 비해 오르는 물가를 따라가기가 쉽지 않다. 할부금, 대출이자, 각종 생활 공과금 등을 매달 지출하기 때문에, 월급이 끊기면 안 된다. 은퇴 후에는 월급이 끊어지기 때문에 반드시 일이 있어야 한다. 다음 달 생활비를 걱정해야 하는 게 직장생활이다. 월급으로는 부자가 될 수 없다는 것을 알면서도 결코 포기할 수 없는 게 월급이다. 월급이 끊어지지 않을까 전전긍긍하면서 월급에 꿈을 팔고 사는 경우가 많다. 은퇴설계는 시간 관리의 중요성을 깨닫는 것이 제일 중요하다. 하루아침에 되진 않는다. 은퇴 후에는 사업가 마음으로 살아야 한다. 돈과 시간은 관리하기에 따라서 쌓이기도 하고 허무하게 사라져 버리기도 한다.

은퇴 후가 되었다면, 예전의 월급은 잊어야 한다. 은퇴 후 지식창업을 하게 되면 회사에서 받던 월급보다 더 많이 수익을 낼 수 있다. 인생 역전하는 사람도 많다.

은퇴 후 인생 역전을 위한 꼭 해야 할 일

첫째, 재정 계획: 은퇴 후의 생활비를 충당하기 위한 재정 계획을 세우는 것이 중요하다.

은퇴 후에는 일정한 수입이 없어지기 때문에 재정 계획이 필요하다. 재정 계획을 통해 은퇴 후에도 안정적인 수입을 확보할 수 있다. 은퇴 후에도 생활비가 필요하다. 재정 계획을 통해 생활비를 계획하고, 필요한 자금을 마련할 수 있다. 은퇴 후에는 의료비가 증가한다. 재정 계획을 통해 의료비를 계획하고, 필요한 자금을 마련해야 한다.

둘째, 건강 관리: 은퇴 후 건강한 삶을 유지하기 위한 건강 관리가 중요하다.

규칙적인 운동, 올바른 식습관, 정기적인 건강 검진 등 평소보다 건강을 잘 관리해야 한다. 건강한 상태는 삶의 질을 향상하게 시킨다. 정기적인 운동, 올바른 식습관, 충분한 수면 등을 통해 건강을 유지하면 일상생활에서 더 많은 활동과 즐거움을 누릴 수 있다. 건강한 상태를 유지하면 의료비 지출을 줄일 수 있다. 예방적인 건강 관리는 질병 예방과 조기 발견에 도움을 준다. 의료비 부담을 줄일 수 있다. 건강한 상태에서는 일상적인 활동을 스스로 할 수 있다. 다른 사람의 도움을 덜 필요로 한다. 건강 관리는 사회적 참여를 가능하게 한다. 건강한 상태에서는 친구와의 만남, 취미활동, 여행 등 다양한 사회활동에 참여할 수 있다. 이는 삶의 만족도를 높일 수 있다.

셋째, 취미와 관심사: 은퇴 후의 시간을 채우기 위해 취미와 관심사를 개발하는 것이 중요하다. 취미나 관심사는 일상생활에서 즐거움과 만족감을 준다. 은퇴 후에는 일상적인 업무와 책임에서 벗어나게 된다. 취미나 관심사를 통해 삶을 더욱 풍요롭게 만들 수 있다. 취미나 관심사는 인지기능을 유지하는 데 도움을 줄 수 있다. 새로운 걸 배우고 창의적인 활동을 통해 두뇌를 활발하게 사용할 수 있다. 뇌 과학적으로 새로운 일에 도전하면 두뇌가 활발하게 움직인다. 새로운 일에 도전하면 치매 예방에도 도움이 된다. 취미나 관심사는 사회적인 연결을 형성하는 데 도움을 줄 수 있다. 동호회나 그룹 활동에 참여하거나, 취미를 공유하는 사람들과 교류하면서 새로운 인연을 만들 수 있다. 취미나 관심사를 통해 자아를 실현할 수 있다. 자신의 열정과 재능을 발휘하고 성취감을 느끼며 자아를 발전시킬 수 있다. 취미와 관심사가 수익으로 연결되는 경우도 많다.

은퇴 후 취미나 관심사는 삶의 만족도 향상, 인지기능 향상, 사회적 연결, 신체 건강 증진, 자아실현 등 다양한 이유로 중요하다.

넷째, 인간관계: 은퇴 후의 사회적인 관계를 유지하는 것이 중요하다.

은퇴 후에는 일상적인 사회활동이 줄어들기 때문에, 사회적 연결이 더욱 중요하다. 인간관계는 외로움을 예방하고 사회적 지지를 제공하여 정신적인 안녕을 유지하는 데 도움을 준다. 인간관계는 정서적인 지원을 받을 수 있는 중요한 원천이다. 친밀한 관계는 어려운 시기에 위로와 격려를 제공한다. 기쁨과 행복을 함께 나눌 수 있는 동반자가 되어준다. 연구에 따르면 사회적 관계가 풍부한 사람들은 스트레스 수준이 낮고, 면역력이 강화된다. 심장 건강이 개선되는 등의 건강상의 이점을 누릴 수 있다. 인간관계는 우리의 신체적, 정신적 건강에 긍정적인 영향을 미칠 수 있다. 다양한 사람들과의 교류를 통해 새로운 경험과 지식을 얻을 수 있다. 은퇴 후에는 새로운 취미나 관심사를 발견한다. 다양한 사람들과 함께 새로운 도전에 도전할 수 있다. 은퇴 후에는 동반자 관계가 더욱 중요해진다. 가까운 가족이나 친구와 함께 시간을 보낸다. 서로의 지지와 이해를 주고받을 수 있는 동반자 관계가 행복하고 풍요로운 은퇴 생활을 만들어 준다.

다섯째, 새로운 도전: 은퇴 후의 새로운 일에 도전한다. 새로운 기술 습득, 자원봉사 활동, 창업 등 다양하게 도전할 수 있다.

은퇴 후에는 일상적인 사회활동이 줄어들어 사회적 참여가 더욱 중요하다. 외로움을 예방하고 사회적 지지를 제공하여 정신적인 안녕을 유지하는 데 도움을 준다.

사회적 관계가 풍부한 사람들은 스트레스 수준이 낮고, 면역력이 강화된다. 심장 건강이 개선되는 등의 건강상의 이점을 누릴 수 있다. 인간관계는 우리의 신체적, 정신적 건강에 긍정적인 영향을 미친다.

03.
나를 퍼스널 브랜딩으로 설계하라

퍼스널 브랜딩이란?

브랜딩이라는 것은 평범한 것을 비범하게 만드는 과정이다. 평범한 것이 비범하게 바뀌면 브랜드가 된다. 개인의 이름이 브랜드가 되는 것이다. 이름만 대면 떠오르는 것은 그 사람이 퍼스널 브랜딩이 잘 되어 있기 때문이다. 퍼스널 브랜딩은 개인이 자신의 브랜드로 인식되는 과정이다. 자신의 역량, 가치, 개성 등을 강조하여 다른 사람들과 구별된다. 자신의 전문성과 이미지를 구축하는 것을 의미한다. 퍼스널 브랜딩은 자신의 목표와 비전에 맞게 자신을 포장하고 홍보하여, 자신의 분야에서 인정받고 성공적인 경력을 쌓을 수 있도록 도와준다. 이를 통해 자신의 상표 가치를 높인다.

나라는 브랜드 찾기, 나의 정체성 가지고 가기, 나라는 브랜드의 상징성이 무엇을 상징하는지 알아야 한다. 깊은 생각을 통해 방향성을 잡아야 한다. 은퇴 후에는 퍼스널 브랜딩이 중요하고, 필수로 해야 평생 현역으로 일하며 살 수 있다.

예를 들어 VOLVO, BMW, BENZ는 이름만 들어도 좋은 차라고 바로 인식할 수 있다. 좋은 자동차를 만들고 있지만, 본인들이 가지고 있는 정체성이 다르다. VOLVO는 안정성이라는 부분으로 그들이 추구하는 가치가 브랜드다. BMW는 성능과 퍼포먼스가 가치이고 브랜드가 된다. BENZ의 경우는 안락함과 고급 부분이 벤

츠의 브랜드가 상징하는 가치다. 그래서 사람들이 선호하는 브랜드가 다르고 끌리게 된다.

퍼스널 브랜딩은 나를 드러내는 것

은퇴 후 받은 퇴직금으로만 살 수 없다. 수명이 길어졌기 때문이다. 지금까지 살아온 세월을 살아야 하는 시대가 됐다. 지금까지 회사를 위해 열심히 일했다면, 이제부터는 나를 위해, 나를 드러내는 퍼스널 브랜딩을 시작해야 한다. 나를 어떻게 브랜딩하고 나를 어떻게 드러내야 할까? 20~30년간 직장에 집중한 대부분 직장인, 40~50대의 직장인이 개인별 차별성을 개발한다는 것은 그리 쉬운 일이 아니다. 과거에는 그런 브랜드의 필요성이 없었다. 그러나 직장 문화와 직업관이 변화되었다. 직장을 다닐 때는 직장 명함이 있었다. 이제는 직장 명함 대신 내 브랜드가 들어간 내 명함으로 자신의 정체성을 표시해야 한다.

이제부터 '나'라는 브랜드를 만들고 브랜드의 가치를 높이는 방법을 찾아내야 한다. 배움의 마일리지와 전문성을 바탕으로 한 가지만의 브랜드와 이야기는 나 자신이 새로운 임무를 수행하는 상표가 된다. 내 이름을 알리는 노력을 해야 한다. 내 이름이 들어간 SNS를 만들어야 한다. 모든 SNS 채널에 내 이름을 넣어서 만들어야 한다. 즉 내 이름을 검색하면 검색에서 내 이름이 나와야 퍼스널 브랜딩이 가능하다. 퍼스널 브랜딩을 배우기 전에는 닉네임으로 SNS를 시작했다. 검색에서 내 이름이 나올 수가 없다. 퍼스널 브랜딩의 중요성에 대해서 배우면서 여러 가지 SNS에 내 이름을 넣어서 바꾸었다. 이제는 검색하면 내 이름이 나온다. 네이버에 인물 등록하고 하나씩 수정해 나가야 한다. 나의 경력과 수상 경력이 늘어나면, 하나씩 업그레이드해서 나를 조합해야 한다. 나는 어떤 사람이고, 나는 무엇을 하는 사람이다. 가 명확하다. 내가 무슨 일을 하는 사람인지 일일이 설명하지 않아도 대신 일을 해준다. 네이버에서 내 이름을 검색하면 나온다. 나는 작가이고 어떤 책을 쓰게 되었고, 어떤 이력과 경력을 가지고 있다. 내가 설명하지 않아도 된다. 이게 진짜 퍼스널 브랜딩의 기본이 된다.

퍼스널 브랜딩의 기본은 네이버에 인물등록을 하는 것이다. 우리나라는 아직까지는 네이버를 통해 검색을 많이 한다. 물론 구글도 하지만 결국은 네이버 정보와 연결이 된다. 검색에 내 이름이 검색되는 것과 검색되지 않는 것과 많이 차이가 난다. 내 이름이 검색되지 않으면 다른 사람이 나를 찾을 길이 없다. 어떠한 경우라도 이름이 브랜딩이 되어야 한다. 닉네임이 유명해 지면 내 이름을 걸고 섞는 게 어렵다. 영화배우 하정우 하면 연기 잘하는 배우라는 생각이 먼저 든다. 감독은 영화를 만들 때 먼저 하정우를 염두하고 시나리오를 쓰고 주인공으로 캐스팅한다. 이는 하정우라는 이름만 들어도 이름이 브랜드이기 때문에, 이 영화에서 주인공으로 캐스팅하는 이유다.

우리가 개인이 브랜드를 만들 수 있는 가장 좋은 방법
첫 번째, 본인이 잘하는 강점에 중 집중해야 한다.
내가 쓸 수 있는 시간이 한계가 있다면 내가 잘할 수 있는 강점에 더 집중하는 게 본인의 퍼스널 브랜딩을 만드는 첫 번째 방법이라고 할 수 있다.
두 번째, 나의 강점에 기반해서 나의 콘셉트를 명확하게 해야 한다.

"저는 기업활동을 다 도와줄 수 있어요" 이런 것들은 너무 광범위한 개념이다. 기업활동이 수반되는 게 많다. 생산해야 하고, 사람을 뽑아서 관리도 해야 하고, 판매도 하고, 마케팅도 하고, 사후에 그 고객 관리도 한다. 이 모든 걸 광범위하게 다 할 수는 없다.

이제는 누구나 정보를 생산하고 유통할 수 있다. 기존처럼 책을 쓰는 것도 중요하고, 텔레비전과 같은 언론 매체에 보도 돼도 큰 효과가 있겠지만, 그런 것들이 아니어도 블로그에서 내가 글을 쓸 수 있고, 영상을 올리는 채널을 이용해 나를 섞는 경우가 많다. 소셜 미디어를 통해서 나의 잠재 고객들을 혹은 기존의 고객들과 커뮤니케이션을 할 수가 있다. SNS를 통해서 1인 기업을 알리고 나의 위치를 정할 수 있는 그런 도구가 된다고 볼 수 있다.

몸값 올리는 퍼스널 브랜딩 하는 5가지 방법
첫 번째, 단계는 탐색의 과정이다.

모든 것의 시작은 나로부터 시작돼야 한다. 나란 사람이 어떤 사람인지 우리가 알지 못한다면, 그 시작부터 어긋나게 된다. 그런데 나라는 사람은 어떻게 탐색해야 하는지 많은 사람이 어려워한다. 지금의 나는 하늘에서 뚝 딱 떨어진 게 아니다. 지금의 나는 과거의 삶이 지금의 나를 만들어 왔다. 지금까지 살아왔던 삶의 모습을 되돌아볼 필요가 있다.

두 번째, 단계는 콘셉트를 정하는 과정이다.

1인 기업으로 독립하면서 나를 돌아볼 수가 있었다. 나를 탐색하며 나는 어떤 걸 좋아하는 사람이다. 어떤 걸 잘하고, 어떤 일에 보람을 느꼈고, 어떤 것에 가치를 느꼈는지 그런 것들을 알게 된다. 그럼, 나에 대해서 명확하게 알게 되면, 나라는 사람 하나의 단어로 정의 내리는 게 바로 콘셉트를 정하는 데 필요하다.

세 번째, 단계는 이야기다.

콘셉트를 정했다면 그 콘셉트를 입증할 수 있는 나만의 이야기가 필요하다. 나의 콘셉트와 연결되는 어떤 이야기가 있을까. 이야기는 현재를 기점으로 과거와 연관돼 나의 경험 이야기되어 있다. 사람은 현재라는 시점을 가장 관심 있어 한다. 그리고 앞으로 내가 콘셉트와 관련되어 노력해 나갈 길도 여러분의 이야기가 된다. 스토리는 항상 뭔가 잘 된 경우만 스토리가 되는 건 아니다. 콘셉트와 관련해서 어떤 노력을 해도 그게 다 잘되지 않는다. 그리고 뭔가 실패했다. 이런 것도 여러분의 스토리가 될 수가 있다. 실패하고 노력해서 성공한 스토리를 좋아한다. 처음부터 성공했다고 하면 관심이 없다.

네 번째, 단계는 기록이다.

기록의 가장 좋은 방법은 책 쓰기다. 나의 스토리로 책을 쓰면 브랜딩이 되고 전문가로 인정받는다. 책을 쓰면서 많은 공부를 하게 된다. 막연하게 기록으로만 남겨 놓는다면 생각의 연결이 어렵다. 한 가지 주제로 책을 쓰면, 많은 자료를 찾아야 하고, 생각이 정리된다.

다섯 번째, 단계는 SNS 채널을 운영한다.

우리가 SNS라는 채널을 가장 중요하게 여긴다. 여러 가지 SNS 채널이 있다. 개인마다 모든 채널을 집중하면서 운영하기는 어렵다. 개인의 상황에 맞는 최적의 채널을 가장 우선하며 운영하고 점차 늘리는 방법을 추천한다. 네이버 블로그를 우선으로 키우길 추천한다. 해당 채널에 집중해서 어느 정도 활성화되고, 성과를 얻게 되면 다음 채널의 도전하는 걸 추천한다. 온라인 도구와 오프라인 도구를 활용해서 여러분의 브랜드 콘셉트와 스토리를 확산해 나간다.

온라인은 SNS의 다양한 채널을 활용할 수 있다. 적합한 채널을 하나 선택해 그 채널에 지금부터 여러분을 스토리를 남기는 노력의 과정을 남긴다. 그런 가정 중에 습득한 지식이나 경험 등 새로운 것들은 콘셉트로 만들 수 있다. 나중에는 무엇과도 바꿀 수 없는 나만의 콘셉트와 자산이 된다.

04.
은퇴설계
나만의 콘셉트를 찾아라

사람들은 누구나 자신이 잘하는 것 한 가지는 있다. "은퇴하기 전에는 계속 일만 하고 살았으니까 은퇴하면 나는 여행 다니고, 못 만난 친구도 만나며 놀 거야." 하는 분들이 많다. 막상 은퇴 후 3달은 즐겁고 재미있게 보낸다고 한다. 하고 싶은 여행도 한다. 친구들도 만나고 논다. 등산하고, 골프 치며 시간을 보낸다. 하지만 시간이 지나면서 반복되는 일상이 지루하고 더 가치 있는 일을 찾고 싶어 한다. 그럼 이제부터는 나만의 콘셉트를 찾아야 한다.

차별화된 나만의 독특한 콘셉트를 가지고 있다면, 다른 사람들과 구별되고 눈에 띄게 된다. 이는 경쟁적인 시장에서 자기 경쟁력을 높이는 데 도움이 된다. 나만의 콘셉트를 통해 은퇴 후에도 고유한 가치 제안을 할 수 있다. 이는 다른 사람들과 차별화되는 자신만의 전문성, 역량, 경험 등을 강조하여 새로운 기회를 끌어낼 수 있다.

과거를 돌아보면 경험 속에 답이 있다. 그동안의 경험을 바탕으로 콘셉트를 만들고 확장해 나가야 한다. 은퇴 후 미래에 무엇을 하며 살 것인지 끊임없이 나에게 질문하고 답해야 한다. 이제 콘셉트에 대한 새로운 정의, 다른 접근이 필요하다.

이제 정말 그런 시대가 되었다. 어떻게 하면 나와 연결되어있다고 느끼게 하는 콘셉트를 만들 수 있을까요? 중요한 것은, 내 색깔이 담긴 콘셉트를 만들어야 한다. 위로와 공감이다. 나뿐만 아니라 사람들은 콘셉트를 통해 위로와 공감을 받기를 원한다. 이건 대부분의 사랑받는 콘셉트에서 발견되는 아주 보편적인 감정이다. 중요한 것은 내 색깔이 담긴 콘텐츠를 만들어야 한다는 거다.

지금은 취미가 돈이 되는 시대

당신은 평소 즐기는 취미가 있는가? 만약 취미가 있다면 그것을 직업으로 삼았을 때 어떻겠는가? 창업으로 성공하기 위해서는 그 분야에 대해 잘 알아야 한다. 물론 잘 알기만 한다고 사업에 성공하는 것은 아니다. 취미로 즐기는 분야가 다른 분야에 비해 상대적으로 창업에 유리한 게 사실이다. 전혀 모르는 분야를 새로 시작한다는 일은 쉬운 일은 아니다.

이제는 단순히 자기만족을 위해 즐기는 취미의 시대는 지났다. 이미 많은 사람이 인터넷 등을 활용해 자신의 취미 경험을 많은 사람과 나눈다. 취미를 즐기면서 자신만의 노하우를 공유하고 그 분야의 전문가로 브랜딩하는 시대다. 브랜딩에 성공한다면 취미로 창업해 얼마든지 성공할 수 있다.

취미가 직업이 된다면 그것으로 스트레스가 생기고 생각이 바뀔 수 있다. 다른 일을 해도 똑같이 스트레스를 받는다면, 자신이 좋아하는 일을 하는 것이 조금이라도 덜 스트레스 받고, 덜 힘들지 않을까? 자신이 취미를 즐기는 고객이라고 생각하고, 고객 입장에서 사업을 펼칠 수 있다. 고객 입장에서 생각하라. 고객의 불편한 점을 해결하면 돈이 된다.

수익 창출을 위한 콘셉트 선택하기

콘셉트를 찾았다면 다음으로 할 일은 비즈니스 모델을 선택하는 거다. 간단하게 말해 비즈니스 모델이란 내가 하는 일로 어떻게 돈을 벌고 수익화를 할 수 있는지 설명하는 방법이다.

비즈니스 아이디어가 가치를 창출하는 방법, 그 가치를 고객에게 전달하는 방법, 그리고 그 과정에서 돈을 어떻게 버는지를 결정하는 것이 바로 비즈니스 모델이다.

사업을 시작하려는 사람들이 흔히 하는 실수 중 하나는, 좋은 아이디어만 있으면 된다고 생각한다. 하지만 콘셉트만으로는 충분하지 않다. 그 콘셉트를 어떻게 현실로 만들고, 어떻게 돈을 벌어낼지에 대한 계획이 필요하다. 콘셉트를 선택하는 건 정답을 찾는 과정이 아니고, 나에게 적합한 과정을 찾는 과정이다. 이 과정에서 실패할 수도 있다. 그에 따라 콘셉트 비즈니스 모델을 계속 개선해 나가야 한다.

당신의 사업 콘셉트와 당신의 능력, 그리고 시장 상황에 따라 다르다. 결국 가장 중요한 건 두 가지가 있다.

첫 번째는 고객에게 어떤 가치를 제공할 것인지, 그리고 두 번째는 그 가치를 어떻게 돈으로 바꿀 것인지에 대한 계획을 철저하게 공부해야 한다. 자신이 좋아하는 일을 사업화할 수 있다면 자신의 콘셉트가 된다. 취미를 사업 아이템으로 하는 것이 성공 확률이 높다.

첫 번째, 취미로 수익을 가져올 수 있는 틈새시장을 발견하라. 예를 들어 책 읽기를 좋아한다면 책 읽기를 이용한 틈새시장이 무엇인지 생각해본다. 단순히 남이 쓴 책을 읽는 소비자의 입장이 아니다. 아직 존재하지 않는 책과 관련된 틈새시장이 있는지 조사해본다. 자신의 취미를 단순히 소비자로만 바라보지 말고 생산자로 어떻게 경제적인 수익을 창출할 수 있는지 생각해봐야 한다. 좋은 아이디어가 생길 것이다.

두 번째, 지인 이후에 내가 모르는 사람들에게 팔 수 있는가 생각해야 한다. 창업 초기에 사람들은 자신이 아는 지인들이 나 가족 친척들에게 저렴하게 팔거나, 혹은 무료로 사용하라고 선물로 넣어준다.

물론 한두 번 그렇게 할 수 있다. 그런 행위는 진정한 경제활동이 아니다. 진정한 사업은 피 한 방울 섞이지 않고, 여러분을 전혀 모르는 사람들에게 판매하고 돈을 받는 것이다. 그렇지 않다면 아직 사업이 아니라 취미라고 보아야 한다, 취미를 사업으로 발전시키는 일은 바람직하지만, 취미로 시작했기 때문에 진정한 사업의 개념이 약해질 수 있는 단점이 있다. 따라서 취미로 사업할 때는 지인 외에 내가 모르는 사람에게 돈을 받고 팔 수 있는가. 어떻게 하면 내가 모르는 사람들에게 많이 팔 수 있을까. 생각해봐야 한다.

세 번째, 마케팅을 배워라. 마케팅이라는 것은 말 그대로 마켓을 만드는 것이다. 무슨 일을 하든 온라인 마케팅은 기본으로 배운다. 자신을 브랜딩할 때 유용하게 사용할 수 있다. 자신의 제품과 서비스를 제공할 시장을 타깃으로 하고 새로운 시장을 만드는 것이다. 한 가지 분명한 것은 무슨 일을 하던 자신이 모르면 배워야 한다. 사업도 마찬가지다. 창업 초기 혹은 사업을 진행하면서 잘 모를 때는 그 분야의 전문가를 찾아가서 조언을 얻거나 도움을 받는다. 경험 부족에서 오늘 실수가 적고 빠르게 성장할 수 있다. 컨설팅받고 내가 다른 사람에게 똑같은 컨설팅을 해서 수익을 창출하는 방법도 있다.

성공적인 액티브 50 이후로 살아남는 방법은 무엇일까. 이들은 은퇴 이후에도 창업 제 취업은 물론 임시 직업 등으로 경제활동을 지속하고 있다. 본 대로 살지 않기에 젊은 층과 소통을 강화하고 있으며 건강한 체력을 유지하기 위한 적절한 운동은 필수라고 여기고 있다.

고객 문제 해결의 중요성

고객은 상품이 아닌 해결책을 원한다. 고객은 제품이나 서비스를 사는 것이 아니다. 그들이 진짜 원하는 것은 그 제품이나 서비스가 자신의 문제를 어떻게 해결해 주는지가 중요하다.

책을 산다 → 시간이 부족해서 요약본이 필요해

강의를 듣는다 → 이걸 배우면 돈 벌 수 있을 것 같아

상담을 신청한다 → 혼자 결정 못 하겠어, 누군가의 조언이 필요해

즉, 당신의 비즈니스가 고객의 고민을 정확히 해결할 수 있다면, 신뢰는 자연스럽게 형성되고 매출은 따라온다. 해결해 줄수록 고객은 감동하고, 재구매한다.

한 번 문제를 정확하게 해결해 준 경험이 있으면 고객은 다음에도 당신을 찾는다. 이것이 바로 관계 기반 고객 전환(리텐션)이다.

고객 문제를 해결하는 방법

고객의 언어로 문제를 정의하라. 고객은 종종 자신의 문제를 명확히 말하지 못한다.

따라서 사업가는 고객이 사용하는 언어, 말투, 행동에서 문제의 본질을 끄집어내는 능력이 필요하다.

너무 바빠요→ 시간 부족 → 해결: 10분 요약 콘텐츠

무슨 책을 읽어야 할지 모르겠어요 → 정보 과잉 → 해결: 큐레이션

은퇴하고 뭐 해야 할지 모르겠어요 → 정체성 상실 → 해결: 1:1 경력 진단 코칭

✔ 고객의 표현을 그대로 써라 - 지루하다, 피곤하다, 모르겠다, 답답하다. 등의 감정 단어에 주목한다.

✔ 누구를 위한 무엇인지 명확히 정의하라 - 50대 여성 전직

교사를 위한 인생 2막 브랜딩 코칭처럼 세분화할수록 명확해진다.

작은 문제부터 해결하라.
고객 문제 해결이 주는 장점

항목	장점
고객 신뢰	정확한 문제 해결은 곧 브랜드 신뢰로 이어진다.
차별화된 경쟁력	단순 정보 제공자가 아닌 '솔루션 제공자'로 자리매김한다.
재구매·추천 증가	고객은 문제를 해결 받았을 때 감동하고, 자발적으로 다른 고객을 불러온다.
콘텐츠 다양화 가능	고객 문제에서 파생되는 콘텐츠(강의, 책, 클래스)가 늘어난다.
브랜드 성장	고객의 성장이 곧 나의 성과가 되어 퍼스널 브랜딩이 강화된다.

05.
지식과 정보를 연결하면 비즈니스가 된다

우리는 정보화 시대에 살고 있다. 누구든지 넘치는 정보에 자신의 지식을 더해 새로운 정보를 만들 수 있다. 사람들은 자신이 만들어 낸 정보가 너무 익숙한 것이라 그 가치를 잘 모르는 경우가 많다. 자신이 만들어 낸 정보와 지식을 다른 사람에게 판매할 생각조차 못 한다. 이제는 시대가 바뀌었다. 좋은 정보와 지식으로 지식창업을 할 수 있다. 사람이 정보의 홍수 속에서 자신에게 필요한 진짜 정보를 찾지 못해 많은 기회의 비용을 낭비하는 경우가 많다.

코로나 시국에는 외부에서 사람 만나고 강의를 못 하던 시절이다. 이때 사람들은 온라인으로 몰리기 시작했다. 오픈 채팅방을 열어 고객을 모으고 줌으로 강의하고 수익을 창출했다. 나도 온라인 강의 여러 번 들었다. 금액도 비싸게 불렀다. 처음 코로나 시국에는 모든 사람이 온라인 세상으로 모여들어 돈을 많이 번 사람도 많다. 지식과 정보를 연결하며 비즈니스 모델을 만들어 냈다. 강의 내용은 다양했다. 강의를 잘해서 내가 돈을 주고 들어도 아깝지 않은 사람도 있고, 돈을 내고 강의를 들었는데 돈만 받고 강의가 너무 성의 없을 때 아쉬운 점도 있다. 지식과 정보의 연결은 좋았다.

정보와 지식을 연결해 만들어 낼 수 있는 비즈니스 기회는 무궁무진하다. 사람마다 가지고 있는 지식과 경험이 각기 다르기 때문이다. 자신의 지식과 경험으로 만들어 낸 정보의 가치를 깨닫는다면 누구나 은퇴 후 지식창업에 도전할 수 있다. 아직도 자신의 지식과 경험으로 만들어 낸 정보의 가치를 아는 사람은 많지 않다. 은퇴설계 후 지식 창업하기 위해서는 노력하고 공부를 계속해야 한다.

은퇴 후 자격증 무조건 따면 안 되는 이유

김OO는 공무원으로 22년 공기업에서 17년 근무 은퇴 후 1년 지났다. 은퇴 후 여행 다니며 연금 관련 유튜브도 하고 방송도 출연했다. 강의 잡지 기고 그리고 연금 상담하면서 지내고 있다. 김OO이 다니던 회사도 기술직은 재 취업이 잘되는데, 사무직은 은퇴 후 갈 곳이 없다. 30년 이상의 재직 경력이 은퇴 후 재 취업하는데 실제 아무런 도움이 안 된다. 인생을 3 등분하면 은퇴 후 삶이 가장 길다. 은퇴 후 삶에 대해 걱정만 할 뿐 '어찌 되겠지 뭐' 이런 마음을 가진 사람들이 많다. 은퇴 후 뭘 할 것인지는 한 몇 달 쉬면서 천천히 생각하겠다는 사람도 있다. 일단 좀 놀다가 뭘 할 것인지 생각해 보겠다는 건데, 내가 일하고 싶을 때 골라서 갈 수 있는 사람은 드물다.

은퇴 5년 전부터 지금 이 길을 걷기로 마음먹었다. 초고령 시대의 필수 중의 필수가 연금이다. 연금 전문가가 된다면 할 일이 많다고 생각했다. 각종 금융 자격증을 하나하나 취득했다. 5년 전부터 연금 이야기라는 블로그를 운영하며, 책도 출간하고 은퇴를 코앞에 두고 유튜브도 시작했다. 요즘 지방 강의 가면 아내와 함께 지방에서 며칠 쉬면서, 주변 맛집 찾아다니고 여행한다. 보고 싶은 지인들도 만난다. 흔히 은퇴 후 일은 돈 들이지 않고 나이와 성별과 관계없이 할 수 있는 일이 좋다.

김OO 씨는 지식과 정보를 잘 연결해서 수익을 창출했다. 은퇴 후 더욱 활발하게 경제활동을 하며 즐거운 인생 2막을 즐기며 산다. 은퇴 후 가능했던 이유는 지식창업을 했기 때문이다. 자격증 취득하려고 돈과 시간은 들어갔다. 결국 노력한 결과 자신이 하던 일과 연관 지어 자격증 취득 후 더 나은 삶을 살고 있다. 한 곳에서만 수익 창출이 아니고 다양한 경로로 수익 창출이 가능한 시스템을 만들었기 때문이다.

이제는 생각을 바꿔 은퇴와 동시에 인생의 지식과 경험으로 지식 창업해야 한다. 지식창업은 경험에서 오는 노하우가 핵심이다. 경험이 많을수록 유리하다. 하지만 경험만 있다고 전부 성공할 수 있는 것은 아니다. 그 경험을 어떻게 지식으로 만들 것인지 미리 연구해야 한다. 혼자서 지식창업 준비하며 어려움을 느끼게 된다. 이때는 전문가의 코칭이 중요하다. 은퇴 후 지식창업에 도전한 사람들은 특별한 사람들이 아니다. 우리의 주변에서 볼 수 있는 평범한 사람들이다. 성공한 멋진 인생을 꿈꾼다면 자신의 지식과 경험으로 은퇴 후 지식창업에 도전해 보자.

정보와 지식을 연결해 만들어 낸 새로운 정보를 구매해 기회비용을 줄일 수 있다면, 정보의 가치는 적어도 정보로 줄인 기회비용만큼 된다고 할 수 있다.

"지식과 정보를 연결하면 비즈니스가 된다."는 말은, 다양한 지식과 정보를 수집하고 이를 연결하여 새로운 아이디어를 창출하고, 이를 비즈니스 모델로 발전시킬 수 있다는 의미다.

예를 들어, 새로운 기술, 시장 동향, 소비자들의 요구사항 등 다양한 지식과 정보를 수집하고 이를 연결하여 새로운 제품이나 서비스를 개발할 수 있다. 이를 통해 새로운 비즈니스 기회를 발견하고, 경쟁력을 갖춘 비즈니스 모델을 구축할 수 있다.

또한, 다양한 분야의 지식과 정보를 연결하여 새로운 아이디어를 창출하는 것은 혁신과 창조성을 촉진할 수 있습니다. 이를 통해 기존의 방식과는 다른 새로운 접근법을 개발하고, 새로운 가치를 창출할 수 있다

정보가 곧 자산이 되는 시대, 우리는 단순히 정보를 갖고 있는 사람이 아니라, '정보를 활용할 줄 아는 사람'이 되어야 한다. 지식과 정보를 연결해 비즈니스로 전환한다는 말은, 세상의 흐름과 사람들의 문제를 파악한다. 그 해결책을 자신만의 방식으로 풀어내는 것을 의미한다. 경험이 풍부한 은퇴 세대는 축적된 노하우와 실수를 통해 얻은 통찰이 많아서 그 자체가 강력한 상품이 된다.

정보는 혼자일 때는 조각에 불과하다. 하지만 그 조각을 서로 연결하면 의미 있는 흐름이 된다. 그것이 하나의 상품이 된다. 예를 들어, 누구나 알고 있는 국민연금이라는 주제, 수급 조건, 가입자 유형, 수령 전략, 사각지대 분석 등으로 세분화할 수 있다. 이를 '강의 콘텐츠', 전자책, 컨설팅 등의 형태로 재구성하면 하나의 수익 구조가 완성된다. 단순한 정보가 아닌, 구조화된 지식이기 때문에 대가를 받고도 충분히 제공할 수 있는 가치가 생긴다.

지식창업은 콘텐츠 창출력과 전달력이 중요하다

첫 번째, 단계는 자신만의 지식 자산을 명확히 정의한다. 내가 알고 있는 지식, 경험, 실패담, 타인과의 차별점 등을 종이에 적어 보는 작업만으로도 새로운 사업의 가능성이 보인다. 이때 자신이 너무 잘 알고 있는 분야일수록 독자의 눈높이에서 쉽게 풀어내는 훈련이 필요하다. 전문성이 높을수록 쉬운 설명은 경쟁력이 된다.

두 번째, 단계는 콘텐츠 포맷을 정하는 일이다. 나에게 익숙한 글쓰기나 말하기 방식이 무엇인지 파악한다. 블로그, 브런치, 뉴스레터, 전자책, 영상 콘텐츠 중 무엇으로 시작할지 정한다. 영상에 자신 없다면 글로 시작해도 좋다. 말하기에 익숙하다면 팟캐스트나 유튜브 강의로 시작할 수 있다. 처음부터 완벽한 콘텐츠를 만들 필요는 없다. 중요한 것은 꾸준히 기록하고 실험하는 태도다. 반복되는 기록은 결국 브랜드가 된다.

세 번째, 단계는 고객을 구체적으로 설정하고 문제를 정의하는 것이다. 모든 비즈니스는 고객의 문제를 해결하는 데서 시작된다. 은퇴를 앞둔 50대 직장인이 연금 수령 전략을 고민하고 있다면, 그에게 필요한 것은 법률이 아니라 실행할 수 있는 시나리오다. 이런 고객의 니즈를 정확히 포착하는 사람만이 신뢰를 얻는다. 김OO 씨가 연금 관련 콘텐츠로 성공할 수 있었던 것도 타깃을 좁게 설정하고, 꾸준히 그들과 소통했기 때문이다.

지식창업의 핵심은 다채로운 수익구조의 구축이다. 강의 하나로 끝나는 것이 아니다. 구조는 시간이 지날수록 노동 수익에서 시스템 수익으로 전환되는 기반이 된다. 수익이 단발성이 아닌 구조화된 모델이 되어야 지속할 수 있다. 김OO 씨처럼 다양한 경로에서 수익이 흐르게 되면 시간은 여유로워지고 삶의 만족도는 더 높아진다.

또한, 지식창업은 브랜딩의 힘과 연결된다. 단순히 정보를 전달하는 수준을 넘어선다. 나라는 사람 자체가 전문가, 신뢰할 만한 조언자라는 이미지로 자리 잡게 된다. 책을 출간하거나 미디어에 노출되는 경험이 쌓이면, 강의 요청과 인터뷰, 기업 자문 기회까지 연쇄적으로 이어진다. 결국 지식창업은 자기 신뢰의 확장이자, 사회적 영향력의 확대로 연결되는 것이다.

마지막으로 꼭 기억할 점이 있다. 지식창업은 단숨에 완성되지 않는다. 하루아침에 억대 수익을 기대하기보다는, 작게 시작해서 성실히 기록하고, 고객 반응을 분석하며 개선해 나가는 것이 핵심이다. 실패도 있다. 하지만 실패에서 얻은 인사이트는 다른 누군가에게는 유료 강의에서나 얻을 수 있는 값진 정보다. 결국 모든 경험은 콘텐츠가 된다.

지식과 정보를 연결하면 비즈니스가 된다. 그 말은 단순한 이론이 아니다. 바로 지금, 당신의 삶 속 경험이 수많은 사람에게 도움이 될 수 있다는 뜻이다. 정보는 흘러가지만, 지식은 정제된다. 그 지식을 나만의 언어로 풀어내는 순간, 당신의 이야기는 돈이 되고, 영향력이 된다.

정보의 연결이 비즈니스로 확장되는 순간

정보는 단순히 알고 있다고 해서 자산이 되지 않는다. 진짜 자산은 정보를 구조화하고, 연결하고, 전달할 수 있을 때 비로소 만들어진다. 그 연결의 중심에는 언제나 사람의 경험이 있다.

은퇴 후 나는 특별한 전문 지식이 없다고 말한다. 그러나 자세히 들여다보면, 이들의 삶은 곧 현장 지식의 보고다. 공기업에서 수십 년 근무한 경험, 아이를 키우며 얻은 교육 기술, 경리 업무를 하며 체득한 회계 감각, 질병을 겪으며 알게 된 건강 관리 방법까지. 이 모든 것은, 누군가에게는 수천만 원짜리 컨설팅보다 절실한 정보가 될 수 있다.

06.
은퇴 후 자격증 아무거나 취득하면 안 된다

과거에는 은퇴 방식은 사회 전반에 걸친 고정된 틀이 있었다. 정해진 나이에 도달하면 직장을 그만두고 연금으로 여생을 살아가는 게 일반적인 방식이다. 산업화 시대에는 이러한 시스템이 잘 작동했다. 대부분 평생 한 직장에서 일했다. 노동의 대가로 은퇴 후 편안한 삶을 보장받을 수 있었다. 기업과 정부는 종신고용과 연금제도를 통해 직원들의 은퇴를 보장했다. 개인도 큰 걱정 없이 정년을 맞이했다. 하지만 이러한 전통적인 은퇴 방식은 여러 가지 한계가 존재했다.

은퇴 전 꼭 준비해야 할 4가지 할 일
첫째 누구랑 어디서 뭐 하며 살 것인지 미리 정해야 한다.
'누구랑 어디서 뭐 하며, 배우자랑 집에서 여행 다니고, 즐기면 지내지' 말 같이 쉽지 않다. 남편은 전원생활을 꿈꾸는데, 아내가 동의하지 않은 채 막상 은퇴해 버리면 죽도 밥도 안 된다. 아내가 반대하면 도시에 터를 잡아야 한다. 그런데 아내가 반대하더라도 도시를 떠날 확률이 높다. 어디서 살 것인지 의논해도 부부가 심하게 다투기도 한다. 결국 일주일에 한 번씩 서로 오고 가기로 합의하고 남편은 도시를 탈출한다.

부부가 한 공간에 있는 게 싫다. 숨을 못 쉬겠다. 이런 경우 아니라면 완전 할아버지가 다 되어 몇 년 후에 다시 돌아온다. 갈 때는 상추 심고, 삼겹살, 막걸리, 자연, 공기, 밤하늘의 별, 이런 환상을 가지고 가지만, 외로움과 불편함 때문에 덜 불편하고 덜 외로운 집으로 돌아오는 사람이 많다. 아내가 반대하면 그냥 한 달 살기 1년 살기로 경험해 본다. 아내를 설득하길 바란다. 설득 못 하면 포기해야 한다. 농촌이 좋아서 도시를 떠난다고 하지만, 정말 농촌이 좋은지 냉정하게 생각해봐야 한다.

둘째, 은퇴 후 눈 뜨면 마땅히 갈 곳이 없어진다.

아내에게는 "내가 점심 차례 먹을 테니까 나갔다 와!" 이렇게 말하지만, 하루 이틀도 아니고 아내의 눈치가 보인다. 걱정하지 말라고 했는데 외출해서 돌아와 보면, 세수도 안 하고 수염도 깎지 않고, 라면 끓여 먹고 설거지도 안 해 놓고 이러면 아내가 좋아할 수 없다. 현역 때는 돈 벌어 주고 저녁도 먹고 들어올 때가 많아 넘어갔지만, 종일 같이 붙어 있으면 다르다. 양치하고 세면대 칫솔 때리는 소리에도 스트레스받을 수 있다. 떨어져 사는 것도 좋다고 생각한다. 주변에 지인도 은퇴 후 주말 부부로 산다. 남편은 고향 충청도에 내려가 살고 있다. 아내는 시골이 불편한 점이 있다. 그러면 도시에선 눈 뜨면 갈 곳이 있어야 한다. 종일 넷플릭스나 유튜브 보고, 모자 눌러쓰고 공원 돌고 이건 내 중심으로 시간을 쓰는 게 아니고, 시간을 때우는 거다. 나이 먹고 특별히 할 일 없으면 당구장에서 종일 시간을 보내는 은퇴자들이 많다. 아니면, 매일 등산을 간다. 등산 가는 게 좋지만, 시간을 보내기 위해서 매일 등산하는 건 안 된다. 어떻게 보내든 본인이 행복하면 그만이고 소소한 일상에서 행복을 찾으면 되겠지만 은퇴 후 갈 곳이 없어서 일상이 행복해 보이지 않는다.

누군가에는 낭만으로 느껴지지만, 누군가에는 꼬질꼬질하게 보인다. 가서 보니 그렇게 행복해 보이지 않는다면 안 가는 게 맞다. 부부가 치밀하게 몇 년 전부터 같이 준비해도 적응 못 할 수도 있는데, 아내 동의 없이 혼자서 준비한 전원생활은 몇 년 못 버틴다. 가더라도 절대 도시 집을 팔지 말자. 부부가 뜻이 맞아 같이 내려가더라도 돌아올 도시 집은 팔면 안 된다. 주변 지인도 서울 집은 놔두고 시골에 집을 지어놓고, 왔다 갔다 한다. 만족도가 훨씬 높다. 은퇴 전부터 땅 사 놓고 멋지게 지어서 은퇴 시점에 도시를 탈출하는 사람도 있다. 아무리 적응 잘해도 아프고 병원에 다니기 시작하면 도시로 와야 한다. 집 팔아서 수억 들여서 멋지게 지어놓고 나중에 못 돌아오는 신세가 되는 사람도 있다. 나오고 싶어도 안 팔린다. 결국 멋진 집 짓는다고 10년 늙고, 집 비워놓고 탈출하는 사람도 있다.

전원생활에 만족하는 사람은 부부가 오래전부터 준비한다. "은퇴 후 뭐 하며 살 것인가?"라고 물으면 수년간 일했는데, 여행 다니고 즐기며 산다는 사람이 많다. 은퇴하고 나서까지 얽매이며 살고 싶지 않다고 한다. 우리나라 65세 이상 60% 재취업을 희망한다. 돈, 고독, 건보료 때문이다.

일주일에 4일 5일 정도는 노동 강도가 약한 곳에서 스트레스 없이 일하고 싶어 한다. 야간은 피하고 자식들에게 부끄럽지 않은 일 보수는 월 150에서 200 정도 좋겠다. 이런 꿀 자리 없다. 꼭 돈을 벌라는 것이 아니고, 돈을 벌든, 자원봉사든 눈 뜨면 갈 곳이 있어야 한다.

'은퇴 후 해외여행도 다녀오고 몇 달 푹 쉬고, 천천히 생각해 보겠다.' 하는 생각은 위험하다. 미리미리 준비하고 방향을 잡아놓고 해외도 가고 한 달 살기도 해야 한다. 대부분 노후 연금이 풍족하지 않다. 그래서 다들 내려놓고 산다고 한다. 연금에 맞춰서 아끼고 덜 쓰고 욕심부리지 않고 건강하게 살면 되지 뭐 정답이다.

 셋째, 무턱대고 자격증부터 따지 말자

 젊은이들이 피하는 틈새시장을 공약해야 한다. 공인중개사, 감정평가사, 주택관리사 등 좋다는 자격증을 일단 따놓는 사람들이 있다. '어떻게 되겠지.'라는 사람보다는 훨씬 잘하고 있지만, 선택과 집중이 필요하다. 일단 공인중개사 자격증부터 따서 나중에 할 일 없으면 하겠다. 30대 젊은이들이 평생 직업으로 공인중개사를 많이 선택한다. 나중에 할 일 없으면 부동산이나 하나 차려서 사랑방 역할 하며 쉬엄쉬엄 이런 생각이라면 무조건 실패한다. 동창이 은퇴 후 타일공 하려고 현직에서 많이 준비했다. 타일공 일당이 가장 많다는 것까지 다 파악했다. 실력도 있다. 그런데 그 일을 하지 못했다. 보통 팀으로 움직이는데, 은퇴 한 60대를 데리고 다닐 사람이 없다. 대부분 팀장이 30대였다. 30대 젊고 팔팔한 사람이 실내장식 시장에 넘친다. 아버지 같은 사람을 데리고 다니면서 조수로 쓰겠는가. 이것저것 자격증을 닥치는 대로 따는 것보다, 은퇴 후 내가 하고 싶은 일을 하는 사람들의 카페나 동호회, 이런 곳에서 더 디테일한 정보를 파악하고 더 치밀하게 준비해야 자격증이 헛되지 않다. 그리고 젊은이들이 피하는 틈새시장을 노려야 한다. 예를 들어 내가 취미로 요리를 배워서 나중에 기회가 되면 주방에서 보조라도 해 보겠다. 이런 생각이라면 젊은이들이 선호하는 베이커리, 양식 이런 걸 피해서 설렁탕, 국밥 이런 걸 배우는 게 취업만 놓고 보면 더 현실적이다.

은퇴 전에 내가 하는 일과 연관 지어서 자격증을 취득하면 경력으로 인정받을 수 있다. 자격증은 지금 내가 하는 일과 잘 연결 지어서 취득하면, 은퇴 후 지식창업이 가능하다.

넷째, 돈 관리를 잘해야 한다.

은퇴하면 절대 후배들에게 부탁하는 자리에는 가지 않겠다는 생각을 오래전부터 했다. 내가 당당하고 행복하면 외롭지 않고 그럼 후배들도 떳떳하게 만날 수 있다. 은퇴 후에는 후배들 만나서 밥 한번 사는 일이 쉬운 게 아니다. 은퇴 후 여행 다니며 즐기는 것도, 갈 곳이 있고 할 일이 있을 때 가치가 있다. 현직 때 연차 내고 주중에 골프 치면 그렇게 쫄깃쫄깃 즐겁다. 주중에 시달렸기 때문에 금요일이 기다려지고 주말이 달콤한 거다. 1년 내내 쉬면, 은퇴자에게 주말이란 그저 교통 막히고 뭐든 비싼 날일뿐이다.

은퇴 후 사랑받는 남편 순위는 요리 잘하고 가정적인 남편이 아니고, 집에 잘 들어오지 않는 남편이다. 순위보다 더 베스트는 연금 많고 집에 잘 안 들어오는 남편이다. 퇴직금을 일시금으로 타지 말고 창업 투자는 꿈도 꾸지 말아야 한다. 이런 말 많이 들었어도 일시금으로 받아야 할 이유를 합리화하는 사람들이 많다. 고금리 대출상황이라면 일시금으로 받을 수 있지만, 퇴직금은 월별로 받아서 생활해야 한다.

농막 짓고 시골에 땅 사고, 원룸이나 상가 투자하거나 창업하면 실패할 확률이 90% 이상이다. 연금 계좌에서 투자하는 거 그렇게 어렵지 않다. 상가에 투자하든 말든 퇴직금은 일시금으로 타지 않길 바란다.

매달 많이 나가는 보험료를 정리해야 한다. 완전 다 정리가 아니라 꼭 필요한 보험은 할 수 있지만, 보험 보장을 꼼꼼하게 정리해야 한다.

Ch 5.

은퇴설계, 지식창업 책 쓰기가 답이다

01.
지금 당장 책 쓰기를 시작하라

　과거에는 책을 출간하는 게 아주 특별한 사람들의 전유물로 여겨졌다. 책 쓰기는 평범한 사람, 웬만한 지식과 경륜을 가진 사람, 타이틀이 없는 사람은 책을 쓸 수 없다고 생각했다. 하지만 시대가 바뀌었다. SNS가 보편화되며 누구나 매일 글을 쓰면서 살고 있고, 책 쓰기는 누구나 도전할 수 있는 영역이 되었다. SNS에 매일 기록을 올리면서 책으로 나오는 경우도 많다. 블로그, 브런치 등 내가 글을 쓸 수 있는 온라인 채널이 많다. 온라인 채널에서 열심히 글을 쓰고 책을 내고 작가로 활동하는 사람도 많다. 100세 시대는 1차 은퇴 후 30년 이상의 긴 삶을 어떻게 보낼 것인지 큰 화재다. 은퇴 후 30년 이상 삶에서 가장 큰 이슈는 경제력이 아니라 어떤 직업을 가지고 살고 있는지 문제다. 4차 산업혁명이라는 거대한 흐름과 맞물린 지금의 기존 방식으로 다시 취직할 수도 없고, 새로운 직업을 만들어 내기는 더욱 어렵다. 어떻게 해야 할까? 책 쓰기는 은퇴 후 지식 창업할 때 확실한 답을 줄 수 있다. 책 쓰기는 은퇴 후 문제를 해결할 지식과 정보를 가지고 있음을 알리는 좋은 도구다. 내 이름으로 된 책이 있으면 고객은 스스로 당신의 책을 찾아서 읽고, 동의한 뒤 당신에게 도움을 청하러 올 것이다. 책을 통해 은퇴 후 관심 두게 된다. 이것이 책 쓰기가 주는 브랜딩 효과다. 지금까지의 삶을 변화시키고 싶은가? 지금 당장 책 쓰기를 시작하라. 책을 쓰지 못하거나 중도에 책 쓰기를 포기하는 것은 현재의 삶에 절박함과 간절함이 없거나, 느끼지 못하기 때문이다. 나도 간절함을 가지고 책을 쓰기 시작했다. 책을 쓰며 인생이 변했다. 은퇴 후에는 무조건 책을 써야 한다. 물론 책 쓰기가 아주 쉽다고 말하지 않는다. 쉽지 않기에 책 쓰기에 성공하면 그만큼 내 삶이 많이 달라질 수 있다. 은퇴 후 삶의 많이 달라진다.

책 쓰기 수업하면서 중학생, 고등학생도 책을 쓴다. 학생들은 학업도 바쁜데 책을 쓴다. 책을 쓰는 학생들 이야기를 들어보면 책을 쓰면서 자신 생각을 정리하게 되고, 배우고 기록하는 즐거움을 알게 되었다고 한다. 그리고 책을 쓰면서 미래 꿈에 대한 확신이 생기고 더욱 노력해야겠다고 생각했다. 은퇴 후에는 매일 직장에 다닐 때보다 시간이 있다. 시간이 있으니까 더욱 책 쓰기 좋다. 책을 쓰기로 결심한 순간 무의미하게 지나가는 시간이 아깝게 느껴진다. 책을 쓰기 위해서는 자료 수집부터 바쁘게 움직여야 한다. 자료 수집도 하고, 주제와 관련된 책을 읽어야 한다. 지금 이대로 막연하게 은퇴 후 어떻게 되겠지 하며 시간을 보내기에는 흘러가는 시간이 아깝다. 새로운 도전에 나이는 상관하지 마라, 환경을 탓하지도 마라.

은퇴 후 책 쓰기는 전문가로 인정받는다

책 쓰기는 결국은 자신의 이야기를 책으로 쓴다. 내가 살아온 삶을 기록하는 것이다. 그 게 곧 내 책이 된다. 하늘 아래 새로운 책은 없다. 자신이 이야기를 쓰기 때문에 자신의 책이 된다. 은퇴 후 지식창업으로 성공한 사람들을 보면 모두 책을 써서 지식창업에 성공했다. 의사, 변호사인 전문직에 있는 사람들도 책을 쓴 사람들은 모두 더 유명해졌다. 유명한 사람들은 이름 자체가 브랜드이기 때문에 책을 안 써도 잘 산다. 하지만 평범한 사람일수록 책을 써야 한다. 내 이름으로 브랜드하고 은퇴 후 지식 창업하기 위해서는 책은 반드시 써야 한다. 무슨 일을 하더라도 자신의 직업과 관련된 책이 있으면 전문가로 인정받는다. 은퇴 시기가 점점 빨라지고 있다. 한 직장에 평생 다니는 일도 없어지고 있다. 남들보다 더 나은 스펙을 지녀야 생존할 수 있다는 생각에 자기 계발 열풍이다. 책 쓰는 셀러리맨이 늘고 있다. 스펙을 쌓기보다 자신의 이름으로 된 저서를 쓰는 것이 지식 창업하는 데 있어 훨씬 효용가치가 크다. 나는 책 쓰기를 통해 직장에 다닐 때보다 은퇴 후 더욱 즐겁고 활기차게 사는 사람들을 많이 만났다. 책을 쓰기 전까지는 평범한 학원을 운영했다. 책을 쓰면서 자신의 잠재적 가치를 깨달아 진정으로 좋아하는 일을 찾을 수 있었다. 은퇴 후 여러 어정쩡한 자격증을 취득하기 위해 시간과 노력, 비용을 들이기보다 자신의 이름이 들어간 책 쓰기를 하는 게 훨씬 도움이 된다. 자격증 공부하는 시간에 대신 책을 써야 한다. 저서는 인생을 놀라울 정도로 변화시키는 힘을 가지고 있다. 사람들은 매일 시간 없다는 말을 입에 달고 산다. "바쁜데 언제 책을 쓰나요?" 라고 반문하는 사람들이 많다. 지금 바쁘면 나중에도 바빠서 책 쓸 시간이 없다. 인생은 선택과 집중이다. 선택과 집중해서 중요한 일을 먼저 해야 한다. 책 쓰기가 우선이 되면 다른 일은 조금 뒤로 미루어도 된다. 딱 3개월만 책 쓰기에 미쳐야 한다.

　내가 책 쓰기를 해보니까 책 쓰기에만 집중해야 한다. 책 쓰기를 하기 위해 자료 수집을 하고 관련된 책을 읽게 되는데, 중간에 다른 일을 하게 되면, 책을 쓰기 위해 준비한 것들이 뒤로 밀리게 된다. 시간이 지나서 다시 책 쓰기를 하려면 처음부터 다시 해야 하는 느낌이다. 책 쓰기를 마음먹었다면, 매일 시간을 정해서 책상에 앉아서 쓰는 것이다. 처음부터 잘 쓰려고 생각지 말고 일단, 무조건 초고를 완성하는 것에 목표를 둬야 한다. 처음부터 책을 너무 잘 쓰려고 하면 책 쓰기가 힘들다. 헤밍웨이는 초고는 쓰레기라고 했다. 책을 다 쓰고 고쳐야 한다. 처음부터 다시 쓰고 고치고 하면 책 쓰기 진도가 안 나간다.

인생은 생각보다 길다. 생활 수준 향상과 의료기술의 발달로 앞으로 은퇴 후에도 백 살까지 산다고 가정하면, 그 긴 인생을 무슨 재미로 살겠는가? 새로운 것을 습득하고 내 것으로 만들고 배우는 일도 즐겁다. 사람들은 "내가 회사에서 있었던 일을 책으로 쓴다면 몇 권을 쓸 수 있어!"라는 말을 하기도 한다. 그러면 그 이야기를 책으로 쓰면 된다. 내 이야기, 내가 하던 일을 쓰면 된다. 책을 출간하고 나면 "어떻게 책을 썼냐? 대단하다."라며 주위 사람들에게 연락이 온다. 물론 책을 쓸 때 자랑하려고 책을 쓰지 않는다. 책 쓰기의 중요성을 알기 때문에 도전하게 된다. 언제까지 남의 책만 읽을 것인가? 이제부터는 내 이름이 들어간 책을 지금 당장 시작해야 한다. 책은 가장 저렴한 비용으로, 가장 효과적으로 당신의 이름과 삶과 깨달음을 널리 알릴 수 있는 가장 강력한 도구다. 책을 쓰면 고수가 되고 브랜딩이 된다.

"은퇴 후 지식창업은 어떻게 하지?"라고 생각하는 사람이 많다. 은퇴 후 막연하고 정보가 많이 없다고 이야기한다. 책을 읽어도 구체적인 지식 창업하는 방법은 나와 있지 않다고 한다. 책 쓰기는 지식창업에 필요한 확실한 방법이다. 내가 가지고 있는 지식과 경험이 누군가에 꼭 필요하다. 다른 사람의 불편함을 해결해 주면 지식창업이 된다.

책 쓰기는 은퇴 후 삶이 두렵지 않다

지금부터 나 혼자 있는 시간에 책 쓰기를 해야 한다. 직장에서는 혼자 있는 시간이 많다. 퇴근한 후, 이른 아침 시간, 주말 자투리 시간을 이용해서 책 쓰기를 시작해야 한다. 책 쓰는 데 필요한 자료를 수집해 놓아야 한다. 큰 주제를 정해 놓고 자료를 수집하고 정리해 놓아야 한다. 자영업은 고객이 없는 시간이 있다. 그 시간에 무엇을 해야 할까? 미래를 준비하기 위해 자신의 인생에 관한 책 쓰기를 하기에 가장 좋은 시기다. 미래에 대한 막연한 생각으로는 원하는 미래가 오지 않는다. 내가 원하는 인생을 살기 위해 변화해야 한다. 책에 관한 생각부터 바꾸어야 한다. 시대가 많이 달라졌다. 생각이 앞서가는 사람, 생각을 바꾸는 사람이 원하는 인생을 살게 된다. 직장에서 혼자 있는 시간이 많을 때 책 쓰기를 시작해야 한다. 직장에서 어떻게 시간을 보내느냐에 따라 은퇴 후가 달라진다. 지금 은퇴 후 미래를 바꾸는 책 쓰기를 시작하면 은퇴 후 삶이 두렵지 않다. 수많은 은퇴자가 자영업을 한다. 그렇게 시작한 자영업은 2~3년 가지 않아 대부분 문을 닫는 경우가 많다. 안타까운 현실이다. 대부분 창업자, 자영업자들이 실패하는 이유는, 큰 그림을 그리지 않고 시작했기 때문이다. 미리 준비하고 시작해도 힘든데, 은퇴 후 막연한 성공, 막연히 먹고사는 이를 해결하고자 시작한다.

02.
명함 돌리지 말고
내 책을 돌려라

   은퇴 후 사람 만날 때 명함이 없는 것이 제일 힘들다고 이야기한다. 명함은 개인의 정체성을 나타내고 새로운 사람들과 연결과 네트워킹 기회를 제공하는 수단이다. 은퇴 후에도 사람들을 만날 때 명함이 꼭 필요한 순간이 온다. 은퇴 후에도 자신의 업적, 관심사, 전문 분야 등을 명함에 담아내는 개인 브랜드를 강화할 수 있다. 나는 은퇴 후 명함 대신 내 이름으로 된 책을 돌리라고 조언한다. 은퇴 후 책이 있으면 "명함 안 가지고 왔어."라는 말은 안 해도 된다. 명함 대신 "내가 책을 써서 책을 가지고 왔어." 하는 순간 더 전문가로 인정받는다. 다른 사람들과 이야기하면, 책 한 권 꼭 쓰고 싶다고 이야기한다.

   책을 읽을 때 나도 책을 쓰고 싶었다. 처음에는 어떻게 써야 할지 막막했다. 책 읽기로만 나의 내면이 채워지지 않았다. 주변에도 책을 쓴다고 이야기하지만, 1년이 넘도록 아직 책을 쓰지 않고 있다. 1년이 넘도록 책을 못 쓰는 이유는 내가 글을 못 써서 글쓰기를 더 배우고 책을 쓸 거야라고 이야기한다. 책을 써보니까 다 배우고 쓰는 게 아니고, 책을 쓰면서 배우게 된다. 내 머릿속에만 있는 지식과 경험들이 글로 정리하면서 책이 된다. 정리된 글은 그 자체만으로도 가치가 있다.

책은 나를 알리는 홍보 수단이다

앞으로는 사람들은 무언가를 파는 사람이 될 것이다. 무언가를 팔아야 돈을 벌 수 있다. 우리는 모두 파는 사람들이다, 여기서 중요한 것은 '상품'이 아니다. 그 상품을 파는 사람이다. 그 사람이 무엇을 파느냐에 따라 사람들은 지갑을 연다. 즉, 브랜딩이 된 사람이냐 아니냐의 차이다. 저 사람이 무언가를 판매하려고 하는지, 정보를 전달하려고 하는지, 너무 많은 정보와 지식의 홍수 속에서 내 결과 맞고 내게 필요한 것, 내 문제를 해결해 줄 수 있는 사람을 찾는다. 그리고 그런 사람은 대부분 자신의 이야기를 판매한다. 사람마다 경험이 다르다. 비슷한 경험을 해도 그 속에서 내가 생각하는 바가 다르다, 그 이야기를 풀어 쓰는 것만으로도 브랜딩이 된다. 내가 살면서 힘들었던 점. 가족과의 불화, 직장생활 속에서 관계를 책으로 솔직하게 드러내면 사람들은 열광한다. 그리고 그 사람이 판매하는 콘텐츠를 구매한다. 지식 창업할 때 내 경험과 지식을 팔 수 있고, 책은 나를 알리는 홍보 수단이 된다. 나는 무엇을 쓰고 싶은가? 책을 써서 어떤 것을 얻고 싶은가? 은퇴 후 1인 지식 창업하게 된다. 내가 어떤 방향으로 갈까, 새로운 직업을 준비 중이면 책을 써야 한다. 지식창업을 탄탄하게 나가기 위해서는 책이 있어야 한다. 내가 여기서 살아남기 위해서는 종이책이 필수다. 책을 쓰면서 많은 공부를 한다. 책이 있는 사람과 책이 없는 사람과는 강연을 한 번 가도 분명히 다르다.

요즘 시대가 변하고 있음을 체감하고 있다. 개인의 영향력이 최고조에 오른 시대를 살아가고 있다. 유망했던 직업들이 흥망성쇠를 거듭하고 있다. 화이트칼라 직종의 표본이었던 은행들이 연이은 점포 수 급감으로 인해서 희망퇴직으로 몰리고 있다는 이야기를 뉴스에서 봤다. 동시에 반대편을 보면, 퍼스널 브랜딩을 갖춘 개인들이 기업으로부터 광고 제의받는다. 온라인 카페 인스타그램 하나만으로도 회사 다니는 사람보다 더 많은 돈을 벌고 있다.

　전문가의 기준이 낮아지고 있다는 거다. 최상의 전문가만이 자신의 분야에서 두각을 나타내는 시대가 저물고 있다. 오히려 심리 상담 전문가가 아닌 구독자가 많은 옆집 언니가 신뢰 상담하고, 전국 판매왕이 아닌 인스타그램 팔로워가 많은 자동차 딜러가 자신의 개인 영역을 구축하고 있다. 책 또한 이런 퍼스널 브랜딩이 정점에 서 있는 매개체가 됐다. 세상은 콘텐츠를 가진 사람들을 원한다. 왜 그럴까? 들려줄 이야기가 있는 사람들이기 때문이다. 일기장에만 쓰여있는 이야기가 책으로 나오면 영향력을 가지게 된다. 책을 쓰는 사람들은 자연스럽게 어딘가에서 말할 기회를 얻게 된다. 책 자체가 콘텐츠의 결합이기 때문에 이 콘텐츠를 소비하고 싶은 사람들이 생기게 된다. 그럼, 콘텐츠의 주인은 자연스럽게 브랜딩이 되는 거다. 대부분 책을 쓰려고 하면 자기 경험이 하찮고, 대단한 경험이 없다는 착각에 빠지게 된다. 모든 사람이 네 글을 읽어 줬으면 하는 바람 때문이다. 많은 사람이 내 책을 읽기를 바라기 전에, 내 책을 누가 읽었으면 좋겠는지 독자의 폭을 좁혀야 한다.

　그저 많은 사람이 내 책을 봐줬으면 하는 바람에 책을 쓰면 오히려 아무도 읽지 않는다. 평생직장이 없는 시대 언젠가는 혼자 일해 나가야 한다. 수천만 원 들여서 점포 창업을 한들 내가 성장하는 일은 아니다. 책 한 권 쓰고 또 쓰면서 자신의 콘텐츠를 쌓아가는 사람들은 내가 성장하는 맛을 알기 때문에 멈추지 않는다. 계속 책 속의 기술을 가지고 한 권 쓰고 두 권 쓰고 써 나간다. 쓸수록 내 무기가 된다는 걸 잘 알고 있기 때문이다. 대부분 은퇴 후에 어떤 자격증을 취득하며 여기저기에 돈과 시간을 투자한다.

지금까지 내가 쌓았던 경험은 직장 밖에서 써먹을 수 없다는 걸 인지하기 때문이다. 불안감에 이것저것 배우고 싶어 한다. 책 속의 기술 또한 자격증 못지않은 파급력을 가진다. 내 차별화된 콘텐츠를 누적시켜 나가는 기술이기 때문이다.

오늘 서점에 가서 자신의 이름이 적힌 책이 인기 자리에 꽂혀 있다는 상상부터 해본다. 허무맹랑한 상상이 아니라 실현하기 전에 필요한 단계가 상상이다. 처음부터 글을 쓰는 사람도 없고 처음부터 작가였던 사람도 없다. 원래부터는 없다. 목표, 꿈이라 생각하면서 실행하지 않으면 상상으로 남는다. 하지만 실행하면 현실로 남을 가능성이 커진다. 책을 쓰는데, 글을 쓰는데, 엄청난 돈이 들지도 않는다. 자신의 이야기를 정리하고 표출할 뿐이다. 한 살이라도 젊을 때 책을 쓴다. 아직도 전문성이 빛나는 졸업장에서 나온다고 생각하는 사람들이 많다. 유명 대학 이름을 말하면 "우와"하며 부러움을 나타낸다. 요즘은 석사, 박사도 많다. 그런데 석사, 박사들이 모두 다 성공했는가? 아니다. 오히려 나에게 와서 코칭을 받고 책 쓰기를 배운다. 책 쓰기에 대해 두려움을 가지고 있다. 처음부터 잘 써야 한다고 생각하기 때문이다.

한 살이라도 젊을 때 책을 써야 하는 이유는, 내 인생도 정리되고 누군가에게 독자에게 좋은 영향도 끼칠 수 있기 때문이다. 그리고 콘텐츠를 가진 저작권자는 그에 상응하는 대가가 따라오기 마련이다. 오늘부터 내가 좋아하는 것, 싫어하는 것, 부족한 것, 상상하는 건 무엇이라도 지금 당자 써야 한다. 직업이 변하고, 시대가 변해도 변하지 않는 게 하나 있다. 바로 책의 가치다. 종이책에서 전자책으로 형식이 옮겨갈 수 있지만, 본질은 변하지 않는다. 책은 나를 브랜딩하고, 나를 전문가로 만들어 주는 강력한 무기다.

책에 내 인생이 담겨 있다

시대가 변하고 있다. 변하는 시대를 깨닫고 움직여야 한다. 변화를 깨닫지 못하면 계속 지금 있는 자리에서 맴돌 뿐이다. 시간이 흘러 은퇴 후엔 지금처럼 맴돌 장소마저 사라지게 된다. 책에는 내 인생이 담겨 있다. 내 책에는 내 삶과 깨달음이 담겨 있다. 내 삶과 깨달음을 끄집어내야 한다. 내 이야기가 들어가서 내 책이 된다. 내가 경험한 것을 쓰고, 경험한 것에서 얻은 깨달음을 책에 써야 한다. 책 쓰기로 누리는 게 많다. 인생이 완전히 역전된다. 일하는 방식, 돈을 버는 방식, 사람들을 만나는 방식, 고객과 이야기를 나누는 방식 모두 바뀐다.

은퇴 후 명함이 없어 사람 만나기가 두렵다고 하는 사람도 있다. 하지만 내 이름으로 된 내 책이 있다면 두려울 게 없다. 당당하게 만날 수 있다. 다른 사람들이 나를 더 인정해준다.

03.
책 쓰기, 강연, 컨설팅으로 수익을 창출하라

은퇴 후 인생을 어떻게 살 것인가? 지식창업을 생각하는 데 책 쓰고 어떻게 수익화를 할 수 있을까? 책을 쓰고 지식 창업해 수익화하는 방법은 많다. 다양하게 수익화를 할 수 있다.

책 쓰기 수익화의 비결은 좋은 내용의 책을 바탕으로 일단 시작한다. 책의 내용이 엉망인데 브랜딩을 만들고 수익화를 한다는 건 안 될 일이다. 수익화의 핵심은 브랜딩이다. 그 사람 자체가 전문가이고 확실한 내공이 있다는 것을 책으로써 증명해야 한다. 책을 바탕으로 해서 여러 가지 각도로 뻗어나가는 거다. 강의 그다음은 칼럼, 코칭, 창업할 수 있다. 자기에게 맞는 것이 무엇인지에 대해서 실험을 다 해봐야 한다. 중요한 건 책을 쓰고 나서 이것저것을 다 해 봐야 한다는 것이다. 일대일 코칭도 해보고, 대중 강의도 해보고, 온라인 강의도 해보고 오프라인 강의도 해봐야 한다. 책을 쓰고 인생 2막을 사는 사람들이 많다. 책을 써서 강연하며 직장생활보다 더 많은 수익을 창출한다. 책을 쓰면 인쇄를 먼저 생각하는데, 인쇄보다 강연하고 가르치면 더 많은 돈을 벌 수 있다. 책 한 권 쓰면서 지식창업이 시작된다.

은퇴 후 지식창업은 다양한 경험이 중요하다

방송도 출연해보고 전부 다 해봐야 한다. 무엇이 자기에게 맞는

지는 모르는 거다. 해봐야만 알기 때문이다. 어떤 분야 하나에서 자리를 잡으면 모든 문제가 해결된다. 유튜브가 100만이 됐다. 일대일 강의를 통해서 연봉이 5억에서 10억이 됐다. 대중 강의하는데 연봉이 한 10억이다. 이런 식으로 하나에서 확실한 성과를 이루게 되면 어느 정도 최고의 레벨로 오르게 된다. 결국에는 좋은 내용의 책으로부터 시작된다. 그리고 실험을 많이 해봐야 한다. 굉장히 부지런해야 한다. 은퇴 후 딱 한 가지로 돈을 벌기는 어렵다. 한국 최고의 스타 중 한 명인 김미경 강사 경우에도 유튜브하고, 자기가 거의 웬만한 거 다 했다고 책에 서술했다. 초기에 이것저것 다 할 수 있어야 한다. 대중 강의 하고 싶다면, 제안서를 적어도 천 곳 이상 내 봐야 한다. 그래야 "내가 대중 강의 시도해봤다." 이렇게 이야기를 할 수 있다. 대중 강의 시도를 하는데 "내가 제안서를 한 백 곳 보냈다" 이렇게 하고 제안서 보냈다, 대중 강의 시도해봤다고 말하면 안 된다. 지식창업하기 위해서는 직장생활보다 더 많이 노력해야 한다.

 강의를 직접 들어갔을 때는 강의에 대한 업데이트를 계속해 해줘야 한다. 그래야 발전이 있고, 성장한다. 일대일 강의도 마찬가지다. 일대일 강의 핵심은 결국에는 수강생들의 결과다. 비포, 애프터의 변화가 확실해야 한다. 이 힘은 결국에는 어느 정도의 내공이 뒷받침될 때 이게 사실 가능하긴 하다. 자기에게 주로 자기 스타일의 유튜브가 맞으면 유튜브에 집중하는 게 좋다. 시간이 걸리더라도 집중하는 게 좋다. 유튜브 운영도 어렵다, 힘들다. 다른 것도 똑같이 힘들고 어렵다. 그 정도를 못 하면 그냥 못하는 거라고 보면 된다. "일반 직장생활을 해야 해요" 하고 직장에서도 임원도 안 된다고 봐야 한다. 그냥 노력 안 하면 안 된다고 봐야 한다. 아무엇도 안 된다고 봐야 한다. 기본적으로 할 거는 남들보다 몇 배는 해야 한다. 그래야만 몇 배 정도의 성과를 얻는다. 당연한 거고 해당 이치다. 책을 쓰고, 칼럼을 쓸 수 있다. 칼럼 같은 경우도 칼럼에 대한 제안서도 많이 돌려 봐야 한다.

은퇴 후 학력은 중요하지 않다

여러 가지 실험도 해보고, 도전도 해보고, 처음엔 무료로도 보고 여러 가지를 해봐야 한다. 이런 과정에서 여러 가지 고민과 많은 생각이 들게 된다. 하지만 스스로 극복하고 이겨내는 내면의 힘을 길러 야 한다. 그래야만 이것이 수익으로 연결된다. 돈을 버는 것이 어떻게 보면 공부에 마지막에 어떤 완성이라고 볼 수 있다. 대학 졸업하고 취직하고 창업하고 마지막이라고 볼 수 있는데, 이것들은 결국에는 깡다구를 가지고 결국에는 승부의 방점을 찍어 줘야 한다. 실제로 돈을 많이 벌고 적게 벌고는 학력하고 아무런 관계가 없다. 학력은 제가 아는 분 중에도 전문대 출신이지만, 당당하다. 집중과 선택을 잘하고, 결국에는 수억씩 돈을 벌기 때문이다.

이제 열심히 해야 한다. 아는 선배 같은 경우도 굉장히 열심히 살아왔다. 이야기 들어보니까 여자분인데 굉장히 열심히 살아왔고, 치열하게 살아왔다. 이야기 나누어 보니까 배울 점이 많고, 항상 자신감이 있고 새로운 도전에 대해서 멈추지 않는다. 계속해서 새로운 걸 도전하는데, 결국 1인 지식창업을 시작했다. 사업이고 결국에는 될 때까지 하는 것이다. 처음에는 힘들지만, 노력하니까 가능했다. 여러분들이 수익화는 결국 사업적인 부분이기 때문에, 여러 가지 머리들을 좀 많이 써야 한다. 그래야만 책을 통해서 수익화라는 부분으로 나갈 수 있다. 내부에서 이제 직장을 다니면서 하는 분도 있고, 외부에서 강의하는 분도 있는데, 자기 스타일에 맞게끔 가야 한다. 기본적으로 직장 안에 있는 사람들보다는 직장 밖에 있는 사람들이 훨씬 빡세다. 은퇴 후 밖은 전쟁터와 같다. 회사에서는 울타리가 있지만, 은퇴 후 밖은 혼자서 모든 것을 해야 한다. 지켜줄 수 있는 울타리가 없기 때문이다. 그대로 맞바람 맞으면서 그대로 앞으로 가야 하는 게 혼자서 해야 하는 일이다. 그래서 밖에서 하는 분들이 더 열심히 해야 하고, 빡세다.

은퇴 전이라면, 준비하고 나온다는 생각도 좋다
직장 다니면서 준비하는 것도 좋은 방법이다. 수익화는 결국 사업적인 영역이기 때문에 본인 자체가 생각을 많이 해야 한다. 결국에는 공부하고 노력밖에 답이 없다. 대중 강의는 시도를 그만큼 해야 한다. 일대일 기본적으로 전문성이 있어야 한다. 전문성은 책 쓰기 하면서 많은 공부를 하게 된다. 전문성이 있어야만 수강생들이 결과물이 나온다. 그리고 칼럼을 쓸 거라고 생각하면, 계속해서 공부해야 한다. '온라인 클래스를 할 거다. 일대일 피드백을 할 거다.' 마찬가지로 특징과 차별화가 있어야 한다. 취업을 하거나, 창업을 하거나. 책을 쓰고 강연하고 코칭을 하며 수익을 내기 위해서는 끊임없이 노력해야 한다. 많은 도전을 해봐야 한다. 처음부터 잘하는 사람은 없다. 실수하고 마음이 다쳐 보기도 하고 단단해져야 한다. 실제 성공한 사람들이 어떻게 성공했는지를 잘 지켜보는 것도 좋다. 하나하나씩 나와 대입하며 수익화를 만들어 가야 한다. 도전하고 노력하며 자기 걸로 만들어 결과물을 내는 것이다. 돈을 버는 거에 대해서는 누구든지 자세하게 알려주지는 않는다. 그리고 알려준다. 하더라도 자기께 될 수 없다. 자기 상황이 안 맞기 때문에 자기 스스로가 보고 판단해서 가야 한다.

책 쓰기의 수익화는 사람마다 다르지만 분명 가치 있는 일이다. 책을 써서 돈을 버는 사람들은 대중 강의하는 사람들이나, 일대일 가르치는 사람들이 수익화를 자랑하고 있다. 다음은 인세가 많은 사람이다. 책 쓰기를 현실화시키고 있는 작가 그리고 대중 강연과 일 대 일 코치가 특화된 사람들 많다. 책을 써서 승승장구하는 기업인들, 책을 쓰고 취업해 대기업의 연봉보다 많이 받는 사람들이 있다. 이런 분들이 결국에는 여러분들의 어떤 길들을 보여주고 있는 지표의 등대라고 볼 수 있다. 그 사람들을 보고 고민하고 벤치마킹해야 한다. 다른 사람들보다 3배, 10배 한다고 생각해야 한다. 인맥이 없으면 인맥이 있는 분들보다 훨씬 더 열심히 해야 한다. 인물이 없거나 외모에 자신이 없다면, 훨씬 더 열심히 해야 한다. 안 되면, 되게 만들어야 한다. 무조건 되게 만들면 결과적으로 되는 것이다. 불평불만 하면 안 되고, 해야 하는 것이다.

책을 기반으로 수익을 만드는 사람들은 단순히 '좋은 책'을 쓴 것이 아니라, 계속 움직이는 사람들이다. 제안서를 100곳 이상 넣고, 거절당해도 다시 도전하고, 강의 자료를 매번 새롭게 업데이트하는 사람들이다. 자리를 잡기 전까지는 다양한 실험을 두려워하지 말아야 한다. 1:1 상담도 해보고, 줌 강의도 시도해보고, 때로는 무료 강의도 하면서 반응을 살펴야 한다.

04.
책 쓰기로 나만의 무기를 만들어라

누구나 책을 쓸 수 있는 시대가 되었다. 하지만 모두가 책을 쓰는 것은 아니다. 왜일까? 이유는 단순하다. 용기가 없기 때문이다. 완벽하게 써야 한다는 부담, 남들이 어떻게 볼까 하는 두려움, 글을 쓰는 데 필요한 시간과 노력을 감당할 준비가 안 되어 있기 때문이다. 그러나 진실은 다르다. 우리는 이미 책을 쓸 자격을 가지고 있다. 살아온 시간, 경험, 실패와 성공, 모두 책이 될 수 있는 자산이다.

책은 최고의 자기 PR 도구다. 이력서보다 강력하고, 블로그보다 신뢰가 간다. 사람들은 '작가'라는 타이틀에 자동으로 신뢰를 부여한다. 책 한 권을 낸다는 것은 자신의 전문성과 철학을 세상에 드러내는 일이다. 직장인이라면 승진과 이직, 강의 기회로 이어질 수 있고, 은퇴자에게는 새로운 커리어의 시작점이 된다. 창업자라면 브랜드 가치를 끌어올리는 강력한 무기가 된다. 이 모든 변화는 한 권의 책에서 출발한다.

책을 쓰기 위해 특별한 글쓰기 실력이 필요한 것은 아니다. 더 중요한 것은 '무엇을 말할 것인가'이다. 당신의 경험, 전문 지식, 해결한 문제, 고객과의 스토리, 작은 깨달음조차도 독자에게는 소중한 자산이다. 책은 지식을 전달하는 것이 아니라, 공감과 신뢰를 쌓는 도구다. 문장이 다소 거칠어도, 진정성이 있다면 독자는 끝까지 읽는다. 진짜 책은 잘 쓴 글이 아니라, 진심이 담긴 글이다.

책을 쓰는 과정은 자신을 객관화하는 훈련이다. 막연했던 생각이 정리되고, 내가 진짜 하고 싶은 일이 무엇인지, 어떤 삶을 살고 싶은지 구체적으로 보인다. 이것이 책을 쓰는 또 하나의 강력한 이유다. 누구에게나 자기만의 무기가 있다. 그것을 제대로 정리하고 표현한 사람만이 기회를 붙잡는다. 책을 쓰는 순간, 나의 무기가 정체성을 얻고, 시장에서 경쟁력을 가지게 된다.

앞으로 살아갈 시간이 길다. 은퇴한 사람들의 이야기를 들어보면 경제적인 부분도 중요하지만, 내가 할 일 내가 가야 할 곳이 없는 것이 제일 힘들다고 이야기한다.

은퇴 후 책 쓰기로 나만의 무기로 만들려고 노력해야 한다. 책 쓰기를 시작하면 시간이 부족하다. 책 쓰기에만 집중해야 한다. 작가의 꿈을 이룬 후에도 내 꿈은 계속 진화했다. 베스트셀러 작가, 강연가 책 쓰기 코치, 또 다른 꿈이 생겼다. 내가 실현하고자 하는 목록을 버킷 리스트에 적었다. 조금씩 나의 잠재력과 가능성의 날개를 펼칠 수 있었다.

책 쓰기가 가장 강력한 인생 성공의 무기일까. 그 여섯 가지 이유가 무엇인지 살펴본다. 책 쓰기를 지금 시작하면 좋은 가장 중요한 이유는 책 쓰기가 인생을 바꾸는 가장 강력한 무기이자 도전이기 때문이다. 변화와 도전을 한다고 해서 인생이 다 달라지는 게 아니고, 성공하는 것도 아니다. 변화와 도전에도 종류가 있다. 어떤 변화와 도전을 해야 할까.? 인생에서 가장 강력한 인생을 바꾸는 변화와 도전은 바로 책 쓰기다. 꿈을 실현하고 성공을 이루기 위해선 무엇보다 꿈 설정과 함께 긍정적인 사고가 중요하기 때문이다. 강연을 통해 사람들에게 가슴 뛰는 꿈을 설정하고, 그 꿈을 향해 나아갈 수 있도록 동기부여하고 있다. 책이라는 것은 나를 나타내는 가장 훌륭한 명함과 같다. 하는 일 쓴 책에 따라서 다르겠지만, 책을 쓰고 난 후에 이전에 생각하지 못했지만 나에게 강력한 무기가 되어준다.

왜 인생을 바꾸는 가장 강력한 변화와 도전이 책 쓰기일까.

첫째, 책 쓰기는 진입장벽이 가장 낮다.

의사나 변호사 연예인이 되라고 한다면 40대, 50대 중년 남자가 도전했을 때 성공 확률은 거의 10% 이하다. 10년 동안 공부만 해야 한다. 수입이 제로 상태일 뿐만 아니라 학비와 생활비가 들어간다. 예술 분야, 정치 분야, 학문 분야, 방송 분야, 스포츠 분야는 말할 것도 없다. 그거는 실력도 있어야 하지만 연줄도 있어야 한다. 돈도 있어야 하고 배경도 있어야 한다. 세상은 불공평하기 때문이다. 하지만 책 쓰기는 출발선이 같다.

둘째, 책 쓰기는 지금 당장 지금 즉시 시작할 수 있다.

의사 변호사는 자격증이 있어야 하지만, 책 쓰기는 자격증이 필요 없다. 지금 당장 노트북을 열고 타이핑하면 된다. 책 쓰기는 지금 당장 시작할 수 있는 몇 안 되는 지금이다. 아나운서나 기자도 활동하기 위해서는 오랜 준비도 해야 한다. 무엇보다 방송국이나 신문사의 취업 해야 한다. 하지만 책 쓰기는 다르다. 그냥 책 쓰면 된다. 책을 쓰는 활동 자체가 이미 작가로서 활동을 시작하는 것이다. 책 쓰기는 가수나 연애인, 예술가처럼 타고난 특별한 재능이 필요하지 않다. 가수, 연예인, 방송인은 실력과 제주와 끼가 있어야 한다. 하지만 책 쓰기는 재주와 끼가 없어도 된다. 책 쓰기는 누구나 배울 수 있는 기술이다.

셋째, 책 쓰기는 상대적으로 투자 위험이 매우 적다.

수천만 원 수십억의 투자금이 필요하지 않다. 몇 년 이상의 준비기간이 필요한 것도 아니다. 주식이나 부동산으로 패가망신한 사람은 봤지만, 책 쓰기에 도전해서 패가망신한 사람은 아직 한 번도 만나본 적이 없다.

넷째, 책 쓰기는 무엇보다 평생 공부가 된다.

대학원에 다시 입학해서 공부하려고 해도 학비가 필요하고 엄청난 시간과 에너지를 투자해야 한다. 하지만 책 쓰기가 가장 높은 인생 최고의 공부가 된다. 하나의 주제에 관해 책 한 권을 쓰면 그 주제에 대해 대학교 대학원을 다닌 것만큼 그 이상으로 지식과 경험을 쌓을 수 있다. 책 쓰기를 하면 그 분야에 대해서 남들보다 더 통합적으로, 더 면밀하게 구체적으로, 더 치밀하게 사고할 수 있고 분석할 수 있다. 새로운 것들을 창조할 수 있고 연결할 수 있기 때문이다. 그 분야의 책을 쓰는 사람은 쓰지 않는 사람보다 성장과 도약이 몇 배 더 많은 이유다. 책 쓰기는 최고의 공부다.

다섯째, 책 쓰기는 당신을 전문가로 만들어 준다.

책 쓰기를 해서 한 권의 책을 출간하면 세상은 당신을 그 분야의 전문가로 대우해 준다. 여기저기 강의 요청이 많이 들어오고, 그 분야의 전문가로 인정받을 수 있다는 이야기다. 이것은 책의 홍보 마케팅 효과 때문이다. 책 쓰기를 하지 않고 전문가 도약하기 위해서는 10년 이상이 걸린다. 하지만 책 쓰기가 하는 사람은 책 쓰기에 효과 덕분에 3년이면 전문가도 또 약할 수 있다. 이것 또한 책 쓰기에 강력한 힘이다. 전문가로 성장하는 것은 책 쓰기가 가져다주는 최고의 선물 중의 하나다.

여섯째, 책 쓰기는 금수저보다 흙수저에게 더 좋은 분야다.

배경도 없는 사람에게 더 유리한 분야가 책 쓰기다. 왜냐하면 책 쓰기만큼 아빠 찬스, 엄마 찬스가 통하지 않는 공평하고 공정한 분야도 없기 때문이다. 부모가 유명한 정치인이라고 책이 더 잘 팔리는 것도 아니고, 부모가 명문대 교수라고 해서 더 유리한 것도 아니다. 부모가 대통령이나 재벌 회장이라고 해서, 더 좋은 게 아니다. 책 쓰기에서 성패는 오로지 독자의 몫이기 때문이다. 부유한 집안에서 태어나 좋은 교육을 받고 좋은 대학을 나오고 좋은 직장에 취직해서 잘 먹고, 잘 사는 사람에게 대중은 감동하지 않고 열광하지 않는다. 오히려 실패한 경험 힘든 가정환경 불우한 어린 시절, 뼈아픈 상처가 아픔 등을 가진 사람에게 독자들은 감동하고 열광한다. 자신의 상처와 아픔, 어려움과 고난을 이겨내고 극복하면서 살아가는 인간 승리의 스토리만큼 강력한 것도 없기 때문이다.

책 쓰기는 전문 자격증이나 명문대 졸업장 같은 학벌과 스펙이 필요 없다. 그래서 은퇴자에게 더 좋다. 책은 저자의 학벌이나 스펙을 따지지 않는다. 의사 변호사 회계사 등 전문 자격증을 취득해야 활동할 수 있지만, 책 쓰기는 누구나 도전할 수 있다. 이런 측면이 은퇴 후 더 좋다. 학벌이 없다고 스펙이 없다고 도전조차 하지 못하는 분야가 많다. 하지만 책 쓰기는 다르다. 책 쓰기는 누구에게나 열려 있다. 독서 대중화 시대에는 독서가 더는 강력한 성공 수단이 아니다. 책 쓰기가 아직 대중화가 되지 않다. 앞으로 30년 후 또는 50년 후에는 책 쓰기 대중화 시대가 오면 그때는 이미 늦다. 하루라도 빨리 남들보다 먼저 책 쓰기를 하시는 분들이 나중에 하시는 분들보다 훨씬 더 좋다.

책을 쓰는 것은 단순한 글쓰기가 아니다. 자신의 지식과 경험을 체계적으로 정리하고 세상에 영향력을 행사하는 강력한 무기가 될 수 있다. 책은 단순한 정보 전달을 넘어, 저자의 가치관과 철학을 담아낼 수 있다. 이는 독자와의 강력한 연결고리를 만들어 준다. 책은 자신의 인생 경험과 가치관을 녹여 독창적인 메시지를 전달한다.

05.
책 쓰기가 진짜 공부다

한 권의 책을 그냥 뚝딱 쓸 수 있는 것이 아니다. 그 책 속에는 저자의 지식과 정보, 생각, 경험, 철학이 담겨 있다. 이러한 것들은 진짜 공부에서 시작된다. 책 쓰기를 떠나 조직에서 인정받는 구성원이 되기 위해서는 계속 자기 계발, 즉 진짜 공부기 때문이다. 사실 진짜 공부는 학창 시절보다 직업 세계에 몸담은 직장인들에게 절실하다. 조직에서 자신의 위치가 위태롭다고 판단되면 진짜 공부가 필요한 시점이다. 책을 쓰면 얻는 것은 많다. 인생이 달라지기도 한다. 책을 쓰는 과정은 학습자의 지적 성장(지적 능력의 확장과 심화)을 촉진하는 강력한 방법이다. 이는 단순한 지식 습득을 넘어, 논리적 사고, 창의적 문제 해결 능력, 자기 성찰 등의 다양한 요소를 포함한다. 결과적으로 한 차원 높은 수준의 학습이 가능하다.

그 누구나 쓸 수 있다. 못 쓰고 잘 쓰고를 떠나서 글을 쓴다는 것은 누구나 할 수 있다. 사실 잘 쓰려고 하니까 자꾸 유명한 책들과 비교하기 때문에 시작을 못 한다. 평소에 글을 꾸준히 쓴 사람도 아니고, 글쓰기 훈련을 한 사람도 아닌데 이미 여러 건 책을 출판한 사람보다 글 자체를 더 잘 쓰기는 사실 어렵다. 하지만 그것이 책을 쓸 수 없다는 것을 의미하는 것은 아니다. 그 누구도 가지고 있지 못한 것을 우리는 모두 각자 가지고 있다. 그건 바로 개개인의 경험과 생각이다. 그 누구도 같은 인생을 사는 사람은 없다. 그래서 모든 사람의 인생은 특별하다. 그 속에서 남들에게 도움 될 만한 이야기, 내가 잘할 수 있는 이야기, 남들보다 좀 더 독특한 경험과 이야기를 꺼내면 된다. 그것들을 글로 써서 엮어 내면 바로 나만 쓸 수 있는 책이 된다. 내 경험과 내 이야기이기 때문에 그 누가 비교할 필요도 없다. 그래서 누구나 책을 쓸 수 있고 책을 쓸 수 있는 자격을 이미 가지고 있는 것과 같다.

첫째, 깊이 있는 연구와 탐구 과정

책을 쓰려면 해당 주제에 대한 폭 넓고, 깊이 있는 연구가 필수다. 정보 수집과 탐색 능력 향상되고, 다양한 자료(논문, 책, 기사 등)를 수집하고, 분석하면서 신뢰할 만한 정보를 찾고 비판적으로 평가하는 능력이 길러진다. 기존에 알고 있던 내용만으로는 책을 완성할 수 없다. 더 깊이 파고들게 된다. 이는 지식의 확장을 촉진한다. 수집한 정보를 단순히 나열하는 것이 아니다. 관련성을 파악하고 체계적으로 정리하는 과정에서 분석적 사고력이 향상된다.

둘째, 논리적 사고와 개념적 구조화 능력 향상

책을 쓰는 과정에서는 논리적으로 생각하고, 복잡한 개념을 체계적으로 정리하는 능력이 요구된다. 책은 서론-본론-결론의 구조를 가져야 하며, 내용이 자연스럽게 연결되어야 한다. 이를 통해 논리적으로 사고하는 능력이 훈련된다. 개념 간 연결 능력 향상된다. 관련된 개념들을 연결하여 하나의 일관된 흐름을 만들면서 지식이 단편적으로 머무르지 않고 유기적으로 결합한다. 자신의 주장과 근거를 명확히 하기 위해 기존 연구를 검토하고, 반박할 수 있는 부분을 보완하는 과정에서 비판적 사고력이 강화된다.

셋째, 창의적 문제 해결 능력과 독창성 개발

책을 쓰는 과정에서 학습자는 단순히 기존 정보를 정리하는 것이 아니다. 새로운 관점과 아이디어를 탐색하는 과정이다. 책 쓰기를 통해 자신만의 관점 형성된다. 같은 주제라도 저마다의 독특한 해석과 시각을 제시해야 해서 독창적인 사고가 필요하다. 새로운 해결책 탐색한다. 문제 해결형 글쓰기(예: 자기계발서, 논픽션)에서는 기존 문제를 해결하기 위한 창의적 접근 방식이 요구된다. 비판적 재해석을 한다. 기존의 개념이나 연구를 단순히 수용하는 것이 아니다. 이를 비판적으로 검토하고 대안을 제시하는 과정에서 창의성이 발휘된다.

넷째, 자기 성찰과 메타인지 능력 향상

책을 쓰면서 학습자는 자신의 사고방식과 지식을 끊임없이 검토하게 된다. 자신의 지식수준 점검한다. 글을 쓰면서 나는 이 개념을 정말 이해하고 있는가? 라는 질문을 지속해서 던지게 된다. 메타인지(자기 인식) 능력도 향상된다. 향상 자신의 강점과 약점을 분석하게 된다. 부족한 부분을 채워 나가면서 자기 주도적 학습 능력이 강화된다. 자신만의 철학과 가치관 정립할 수 있다. 글을 쓰면서 자신의 신념과 가치관을 정리하게 된다. 이는 인격적 성장에도 이바지한다.

다섯째, 표현력과 커뮤니케이션 능력 향상

책을 쓴다는 것은 자신의 생각을 타인에게 효과적으로 전달하는 과정이다. 커뮤니케이션 능력이 크게 향상된다. 명확한 표현 훈련이 가능하다. 추상적인 개념을 독자가 쉽게 이해할 수 있도록 설명한다. 이 과정에서 명료한 표현력과 논리적 글쓰기 능력이 발달한다. 독자가 어떤 부분에서 혼란을 느낄지 예측하며 글을 쓰기 때문에 독자로서 사고하는 능력이 길러진다. 스토리텔링 능력 강화된다. 비문학이나 에세이, 소설을 집필하는 경우, 효과적인 이야기 전개 방식과 감정 전달 기법을 익히게 된다.

여섯째, 지속적인 학습 습관 형성

책을 쓰는 과정은 단기적인 프로젝트가 아니라 장기적인 노력이 필요하다. 이를 통해 학습자는 자연스럽게 지속적인 학습 습관을 형성한다. 끊임없는 자기 계발하게 된다. 책을 완성하려면 새로운 자료를 찾고 배우려는 태도가 필수적이다. 자발적 학습 동기를 강화할 수 있다. 책을 쓰다 보면 더 많은 질문이 생기고, 그 질문에 대한 답을 찾는 과정에서 학습이 지속된다. 반복적 피드백과 개선하며 초고를 작성하고 수정하는 과정에서 학습자는 점진적으로 더 나은 사고방식과 글쓰기 능력을 갖추게 된다.

일곱째, 전문성 확립과 지적 권위 강화

책을 완성하면 학습자는 해당 분야의 전문가로 자리매김할 수 있다. 전문가적 사고방식 습득할 수 있다. 깊이 있는 연구와 분석을 통해 한 분야에 대한 전문적 이해가 형성된다. 지식의 체계화가 가능하다. 책을 집필하면서 학습자는 단순한 지식 습득을 넘어, 해당 지식을 체계적으로 정리하고 응용하는 능력을 갖추게 된다. 책을 출판하면 많은 사람에게 자신의 지식을 공유할 수 있다. 이는 자기 성장뿐만 아니라 사회적 기여로 이어진다.

책 쓰기는 진짜 공부하는 도구다

책을 쓰는 과정은 단순한 학습을 넘는다. 깊이 있는 연구, 논리적 사고, 창의적 문제 해결한다. 자기 성찰, 효과적인 커뮤니케이션, 지속적인 학습 습관 형성, 전문성 강화 등을 포함하는 복합적인 성장 과정이다. 이는 단순히 정보를 소비하는 수동적인 학습이 아니다. 지식을 창출하고 전달하는 능동적인 학습 방식이기 때문에 진짜 공부가 될 수 있다. 따라서 책을 쓰는 과정에서 학습자는 자연스럽게 더 높은 수준의 지적 역량을 갖추게 된다. 이를 통해 평생 학습자로서 지속해서 성장할 수 있다.

책을 쓰기 전에 먼저 자신이 쓰고자 하는 책의 경쟁 도서나, 쓰고자 하는 콘셉트나 주제에 관한 분야의 책들을 적어도 20권 이상 읽어야 한다. 그래야 그 책들을 뛰어넘는 책을 쓸 수 있기 때문이다. 아는 만큼 보인다는 말이 있다. 책도 경쟁 도서를 아는 만큼 잘 쓸 수 있다. 책 쓰기 할 때 책 몇 권 읽고 그 분야에 대해 다 아는 것처럼 공부 끝이라고 외쳐선 안 된다. 책을 쓰기 위해서는 끊임없는 공부가 필요하고, 공부가 지속되어야 한다.

책 쓰기를 하다 보면 책상 위에 수십 권의 책이 쌓이게 된다. 처음에는 다섯 권 정도로 시작하지만, 책이 점점 쌓이게 된다. 20권, 30권이 훌쩍 넘어간다. 책을 쓰는 것은 다른 사람의 지식과 경험을 내 언어로 바꾸는 과정이기도 하다. 예전에 공부했던 것들이 다 머릿속에 남아 있지 않다. 다시 공부해야 한다. 책 쓰기는 이런 과정을 거치기 때문에 자연적으로 공부가 된다. 책 쓰기는 자신의 전문 분야를 정리해 준다. 내공을 쌓게 해주는 훌륭한 도구다.

정신과 전문의 이시형 박사는 모든 것이 흔들리는 불확실하고 불안한 시대, 무엇을 할 것인가란 질문에 이렇게 답한다. '공부'다. 공부는 죽을 때까지 해야만 하는 가치 있는 일이다. 회사가 필요로 하는 창조적 인재가 될 수 있는 지름길이다.

06.
책 쓰기로 은퇴 후 인생 2막을 준비하라

왜 자꾸 책을 쓰라고 말하는 걸까? 초보는 책을 많이 팔아서 인세 받아 돈을 벌어야지 하는 생각을 한다. 인세로 들어오는 돈은 많지 않다. 그 외에는 아주 많은 장점이 있다. 책을 쓰는 과정에서 많은 것을 깨닫고 배울 수 있다. 또 새로운 기회들을 만나게 된다. 우선 임계점을 돌파하게 된다. 임계점이란 어떤 꾸준한 노력 끝에 갑작스러운 변화나 성과가 나타나는 시점을 말한다. 물이 100도가 넘어야 비로소 끓기 시작하는 것처럼, 사람도 마찬가지다. 독서 글쓰기 인내심 등 자기 능력이 한 단계 발전한다. 새로운 모습을 갖추기 위해서는 임계점을 돌파하는 것을 경험해야 한다. 이를 위해선 꾸준한 실천이 가장 중요하고 계획했던 목표를 달성해야 한다. 책 쓰기는 이 모든 것을 충족시킨다. 책을 출판하겠다는 목표를 세우고 몇 달 심지어 몇 년간 책 쓰기에 몰두하며 꾸준히 독서하고 책을 써야 한다. 마침내 책이 출판되어 내 앞에 그 모습을 드러냈을 때 그 기쁨과 감동은 출판해 본 사람만 알 수 있다. 그때 깨닫게 된다. 드디어 내가 임계점을 넘어선 나 이전보다 나는 더 성장하고 더 발전한 더 나은 사람이 되었다는 확신을 얻게 된다. 책 쓰기를 하면서 이런 경험을 하게 된다.

책 쓰기만큼 완벽한 자기 계발은 없다고 나는 확신한다. 책 쓰기는 강력한 무기가 된다. 책 쓰기로 은퇴 후 인생 2막을 준비할 수 있다. 책을 쓰는 동안 내면의 목소리를 발견하는 사람도 있다. 책 쓰기를 비록 완주하지 못하더라도 계속 독서하고 원고를 쓰는 과정에서 자신의 진정한 소명을 발견하게 된다. 내면 목소리를 듣고 새로운 진로를 개척하시는 사람들도 있다. 책 쓰기는 명상과 비슷한 점이 있다. 독서를 하며 생각을 깊게 한다. 자신의 과거를 돌아보게 된다. 자신의 미래를 상상하게 된다. 자신이 가지고 있는 모든 경험과 지식을 모조리 쏟아내게 된다. 이런 과정에서 이전에는 하지 못했던 새로운 생각과 깨달음을 얻는 경우가 많다. 새로운 기회들도 만나게 된다. 책이라는 것은 나를 나타내는 가장 훌륭한 명함과 같다. 하는 일 쓴 책에 따라서 다르다. 책을 쓰고 난 후에 이전에 생각하지 못했다. 나에게 강력한 무기가 되어 준다.

첫째, 내 콘셉트가 생긴다.

나를 알릴 수 있고 표현할 수 있는 도구들은 많다. 자기소개서도 있고, 이력서도 있고 명함도 있다. 하지만 조금 더 내 역량이나 아내 경험이나 내 생각 철학까지 내 담을 수 있는 조금 더 구체적인 눈에 보이는 결과를 압축된 메시지로 나를 내보일 수 있는 것들은 책이다.

출판사의 일정 검증을 받고 내 글이 책이 나오기 때문이다. 내 마음대로 쓴 자기소개서나 이력서와는 그 결이 다르다. 항상 내 콘셉트가 뭐가 있을까? 생각하지만 유명한 사람이 콘셉트를 책에 담는 시대가 아니다. 내 소소한 경험 내 철학이나 생각까지 나의 어떤 역량을 그대로 담는 게 책이다. 내가 최고 전문가라서 책을 쓰는 게 아니다. 글을 쓰고 나를 들어내니까 작가가 되는 거다. 전문가로 인정받는다. 작가가 글을 쓰는 게 아니라 글을 어디선가 쓰기 시작하면 작가가 될 수 있다. 하지만 조금 더 명확하게 콘셉트하고, 누군가한테 도움이 될 수 있는 글이 됐을 때 책이라는 게 출간될 수 있다.

둘째, 글은 말로 이어진다.

내가 기록한 글을 가지고 그 자체로 콘텐츠가 되기 때문이다. 어디선가 말을 할 수 있는 기회를 만들어 갈 수 있다. 각 기업 교육 담당자들은 이 콘셉트를 가지고 있는 사람들 특히, 책을 가지고 있는 사람들 강사 섭외하기 시작한다. 일목요연하게 압축된 역량이나 내 역량이나 경험을 보고 나서 그 이야기를 듣고 싶어 한다. 강연하고 강의를 할 수 있는 강사가 될 수 있다. 신문사에 글을 쓰고 있는데, 칼럼니스트로 활동을 할 수가 있게 된다. 책이라는 거에서 다른 업이 파생되고 이 순환 단계가 이어질 수 있다. 강사가 되고 싶고, 강연하고 싶다면 내 콘셉트를 내보여야 한다. 내가 어떤 능력을 갖추고 있는 사람인가 어필할 수 있는 그런 방법이 책 쓰기다. 우리가 대부분 비슷비슷한 능력을 지녔다. 소수의 천재를 빼고는 말이다. 그런 사람들과 차별화하기 위해서는 나를 드러낼 수 있어야 된다. 비슷한 능력을 갖췄어도 누군가는 꼭 뭘 숨기고 있고, 누군가는 그걸 표출하고 있다. 그러면 그 콘셉트를 얻고자 하는 교육 담당자는 이걸 노출 시키고 표출한 사람을 그 사람에게 무언가 섭외 요청하고 강연 요청을 할 수밖에 없다는 것이다.

나는 뭐 대단한 재주가 없는데, 전문적인 어떤 지식이 없는데, 고민한다. 이런 고민은 책을 쓰면서 더 공부할 수 있다. 업데이트해 나갈 수가 있다. 책을 쓰기 전과 후는 사람이 달라진다. 책을 쓰면서 여러 자료도 찾고 더 공부하게 된다. 쓰면서 내가 조금 더 성장하게 된다. 브랜딩 책을 썼고, 여행책, 인문학책을 썼다. 책을 쓰면서 오히려 공부가 됐다. 책 쓰기 전보다 많이 공부하게 됐다.

내 이야기 외에도 다른 사람 다른 이야기까지 다 공부하게 되니까, 지식의 확장이 더 많아질 수밖에 없다. 그렇게 완성된 상태에서 책을 쓰는 게 아니다. 미완성이어도 책을 쓰면서 완성해 가깝게 내가 만들어진다고 생각해야 한다.

셋째, 내 인생의 기록을 할 수 있다.

내가 오랫동안 열심히 무언가를 해도 뒤돌아보면 남는 게 없는 것 같다. 굉장히 공허함, 허무함 퇴직하고 얼마 안 남은 분들의 말이다. 그러니까 열심히 일했는데, 자기를 대변할 수 있는 어떤 압축된 무언가가 없다. 명암 대신 무언가 나를 나타낼 수 있는 어떤 결과물이 없다. 이런 마음 때문에 자기의 콘셉트를 가지고자 하는 분들이 많다. 내 기록 자체로 좋은 책이 된다. 내가 어떻게 살아왔고 내가 쓴 책을 보면서 나는 지금껏 이렇게 살았구나. 앞으로도 또 어떻게 살 것인가 방향성을 정할 수가 있다. 말로만 하는 게 아니라 어딘가에 적혀 있을 때, 그것대로 내가 그렇게 살아왔구나, 촘촘하게 살아왔고 앞으로도 그렇게 살아갈 것이다. 공헌하는 것과 마찬가지다. 내 인생의 기록이자 방향성을 내가 가질 수 있다

넷째, 평생 기술을 가진다고 생각하면 된다.

우리가 직장생활을 넘어 항상 무언가 기술을 배워야 않을까? 어떤 걸 배워서 내 직업을 이어 나가야 한다. 우리 문과 출신들은 더 그렇다. 특별한 기술이 없어 내가 뭐 개발할 수도 없다. 하지만 책은 1권으로 끝나는 게 아니다. 내가 이 책을 썼으면 다음 책으로 업데이트하고 나를 더 성장시키는 과정이다. 인생도 똑같다. 그냥 한 페이지로 끝나는 게 아니다. 다음 페이지도 계속 내가 넘기면서, 무언가를 쌓아가고 노력해 가면서 결과를 얻는 과정이다. 은퇴 후 끝난 게 아니다. 페이지가 아직 완결되지 않았다.

책도 1권을 쓰고 그냥 자 끝나버린 게 아니다. 내가 또 다른 지식을 습득하면 또 이어가는 것 계속해서 확장하고, 다시 아웃풋을 내고 순환한다. 그래서 무언가 결과물을 낼 수 있고 생산해낼 수 있다. 눈에 보이고 만져지고 그 결과물 명확한 내 이름이 있는 결과물을 가진다. 그 자체가 내가 무언가를 내보내고 만들어 내고 있다는 기술을 습득했다.

다섯째, 나를 중심으로 이야기를 썼음에도 불구하고 공감하는 사람들이 생긴다.

공감하는 사람들 자체가 독자다. 항상 독자를 생각하고 내 글을 읽어 주는 사람들 그 사람들과의 피드백도 굉장히 중요하다. 내가 무언가를 줄 수 있을 것인가 항상 생각해야 한다. 자기 자체도 자존감이 올라갈 수밖에 없다. 내 소소한 경험이 특별하지 않은 제주인데도 불구하고, 누군가 그걸 섭취하고 무언가 발전해 나가고 있다. 그럼 나 자체로 도움을 준 것이다. 내 책을 읽고 누군가가 감흥하고 마음에 우러나와 인스타그램, 페이스북에 좋은 서평을 남긴다. 그런 것을 보면 내가 헛살지는 않았구나. 최소한 내가 대단한 사람은 아니지만, 최소한 헛살지는 않았구나. 그런 생각을 한다.

누군가에 책 쓰기 코칭을 해서 다른 사람이 책을 내고, 다시 그 사람이 다른 사람을 가르치는 일을 한다면, 나도 좋고 상대방도 좋은 일이다. 책을 쓴다는 것 기술적인 요령도 있고 여러 가지가 있지만, 책 쓰기는 마인드 관리를 잘해야 한다. A4 용지 한 장 쓰는 이력서, 자기소개서 같은 게 아니다. 책을 쓰고자 한다면 자신을 완성 시키면서 이유를 명확히 한 채 글을 써나가면 좋다. 은퇴 후 책 쓰기를 한다면 지식창업은 누구나 할 수 있다.

Ch 6.

은퇴설계, 지식창업 시스템 구축전략

01.
은퇴설계 지식창업 콘텐츠 주제 선정과 기획전략

은퇴는 끝이 아니라, 새로운 시작이다. 이 말은 더 이상 낯설지 않다. 과거에는 은퇴 후의 삶이 곧 '여생'이라는 인식이 강했지만, 지금은 다르다. 기대수명이 늘어나고, 삶에 대한 기대치가 높아진 오늘날, 은퇴 후의 시간은 또 하나의 인생이라 불러야 마땅하다. 문제는 이 두 번째 인생을 어떻게 살아갈 것인가다.

은퇴 후 경제적 이유, 또 삶의 보람을 찾아 은퇴 이후에도 일을 꿈꾼다. 그러나 단순히 과거의 직장생활을 반복하거나, 무리하게 창업에 뛰어드는 것은 오히려 실패를 부를 수 있다. 은퇴 후의 창업은 젊은 시절과 다르다. 체력과 자본이 제한적이다. 실패에 따른 충격이 훨씬 클 수밖에 없다. 그래서 은퇴설계 지식창업이라는 대안이 주목받고 있다.

지식창업은 말 그대로, 자신이 가진 경험과 지식, 전문성을 활용하여 새로운 가치를 만들어내는 창업을 말한다. 거창한 사업체나 많은 자본이 필요하지 않다. 오히려 작고 단단하게 시작한다. 오랜 시간 동안 쌓아온 직업적 노하우, 삶에서 배운 통찰, 개인적인 관심사까지, 모든 경험이 지식창업의 재료가 된다.

예를 들어, 한때 인사팀에 몸담았던 사람은 은퇴 후 인사 컨설턴트로 변신할 수 있다. 교사가 은퇴한 후에는 독서 지도 전문가로 활동할 수 있다. 요리에 열정을 가진 사람은 1인 쿠킹 클래스 창업으로 지식을 나누고 수익을 낼 수 있다. 지식창업은 결국, 내가 가진 것을 기반으로 다른 사람에게 필요한 것을 제공하는 일이다.

왜, 지식창업인가?

은퇴 후 점포 창업은 힘들다. 은퇴 후 프랜차이즈 카페, 식당, 부동산 중개업 등에 도전한다. 높은 초기 투자 비용과 치열한 경쟁 속에서 실패를 경험하는 경우가 많다. 반면 지식창업은 상대적으로 초기 비용이 적고, 본인의 전문성이 핵심 자산이기 때문에 리스크가 낮다. 또한 본인이 좋아하고 잘하는 일을 기반으로 해서 지속 가능성이 높다. 또한, 지식창업은 나이가 장점이 되는 드문 분야다. 오랜 시간 축적된 경험과 신뢰는 젊은 세대가 쉽게 따라올 수 없는 경쟁력이 된다. 사회는 여전히 경험 있는 전문가를 필요로 한다. 은퇴 후야말로, 이러한 가치를 사회에 되돌려줄 수 있는 가장 좋은 시기다.

지식창업은 단순한 돈벌이를 넘어선다. 물론 경제적 수입은 중요하다. 하지만 그 이상으로 중요한 것은, 자기 경험이 다른 사람에게 도움이 되고, 세상에 긍정적인 영향을 미칠 수 있다는 사실이다. 자신의 전문성을 활용해 누군가에게 영감을 주고, 삶의 방향을 제시하며, 더 나은 사회를 만들 수 있다. 은퇴 후 겪는 가장 큰 문제는 소속감의 상실과 존재 의미의 혼란이다. 매일 가던 직장이 없어지고, 사회적 역할이 사라지면, 쉽게 우울감이나 허탈감을 느끼게 된다. 하지만 지식창업을 통해 누군가에게 가치를 제공하는 삶을 시작하면, 그 빈자리는 다시 자긍심과 보람으로 채워진다.

지식창업, 누구나 할 수 있을까?

물론 모든 사람이 당장 지식 창업할 준비가 되어 있는 것은 아니다. 자신의 전문성을 객관적으로 진단하고, 필요한 경우 추가적인 역량 개발이 필요할 수도 있다. 또한 온라인 콘텐츠 활용 능력, 강의력, 컨설팅 스킬 등 구체적인 실행 능력을 다듬는 과정이 필요하다. 그러나 출발선은 누구에게나 열려 있다. 거창한 목표를 세울 필요도 없다. 한 사람의 문제를 해결해 준다. 작은 그룹에 자기 경험을 나누는 것에서 시작할 수 있다. 그리고 그 과정에서 점차 자신의 브랜드를 키워나갈 수 있다. 가장 중요한 것은, 자신을 믿는 것이다. 나의 삶도, 나의 경험도, 누군가에게는 꼭 필요한 지식이 될 수 있다. 그 믿음이야말로, 제2의 인생을 여는 열쇠가 된다.

지식 업 준비하기 나의 경험을 상품화하는 방법

지식창업은 준비된 사람에게만 열려 있는 길이다. 아무리 소중한 경험이라 하더라도, 준비 없이 시장에 내놓는다면 제대로 가치를 인정받기 어렵다. 지식창업을 성공적으로 이루기 위해서는, 먼저 자기 경험을 상품화하는 과정을 반드시 거쳐야 한다. 이 과정은 대단히 구체적이며, 체계적이어야 한다.

나의 경험과 전문성을 객관적으로 진단하라

첫걸음은 자신을 냉정하게 바라보는 것에서 시작된다.

나는 무엇을 잘하는가?

내가 가진 경험 중 다른 사람에게 도움이 될 수 있는 것은 무엇인가?

이 질문에 답하지 못한다면, 지식창업 역시 모래 위에 집을 짓는 것과 같다. 진단 방법은 여러 가지가 있다. 자신의 과거 경력과 이력을 일목요연하게 정리해보는 것도 좋은 방법이다. 경력의 길이가 아니라, 그 경력 속에서 만들어 낸 성과와 배운 교훈에 집중해야 한다.

또한, 주변 사람들에게 피드백을 요청하는 것도 유용하다. 타인의 눈에 비친 나의 강점은 때때로 내가 생각하는 것보다 더 명확하고 가치 있을 수 있다.

자신의 전문성과 경험을 키워드로 정리한다.

예를 들어, 30년간 제조업 현장에서의 생산 관리 경험, 20년간 초등학교 교사로서의 교육 노하우, 취미로 시작한 사진이 10년간 이어진 전문성 등이 모두 훌륭한 지식창업의 출발점이 될 수 있다.

첫째, 시장을 이해하고, 니즈를 파악하라

지식창업은 결코 나 홀로 하는 작업이 아니다. 내가 가진 지식을 필요한 사람이 있어야만, 비로소 창업은 성립된다.

둘째, 시장 조사다.

시장 조사는 거창할 필요는 없다. 온라인 커뮤니티, SNS, 관련 책이나 강연을 통해 사람들이 어떤 문제를 겪고 있고, 어떤 욕구가 있는지 살펴보면 된다. 예를 들어, 은퇴한 교사가 자녀 교육에 대해 강의하려 한다면, 현재 부모들이 가장 고민하는 부분이 무엇인지 파악해야 한다. 단순한 경험담이 아니라, 구체적 문제 해결을 제시할 수 있어야 시장성과 연결된다.

또한, 경쟁자를 분석하는 것도 중요하다. 나와 비슷한 주제로 활동하는 사람이 있다면, 그들은 어떤 방식으로 지식을 전달하고 있는가? 무엇이 그들을 돋보이게 하는가? 반대로, 시장에서 채워지지 않은 빈틈은 무엇인가? 이런 질문을 통해 나만의 차별화 포인트를 찾아야 한다.

셋째, 나의 경험을 상품으로 재구성하라

이제 경험을 시장에 맞게 다듬어야 한다. 그냥 경험 이야기로는 충분하지 않다. 사람들은 이야기보다 해결책을 원한다. 따라서 나의 경험을 구조화하고, 정리하고, 문제 해결 중심으로 재구성해야 한다.

이 경험을 통해 내가 제공할 수 있는 가치는 무엇인가?

내가 전하는 지식이 상대방의 어떤 문제를 해결해 줄 수 있는가?

내가 가진 전문성을 어떻게 구체적인 서비스나 제품 형태로 만들 것인가?

예를 들어, 20년간 영업 경험이 있는 사람은 영업 초보자에게 3개월 만에 성과를 내게 하는 실전 가이드를 만들 수 있다. 요리를 좋아하는 사람은 1인 가구를 위한 건강하고 간편한 요리 클래스를 기획할 수 있다. 중요한 것은 구체성이다. 막연한 조언이나 추상적인 노하우는 시장에서 살아남기 어렵다. 한 가지라도 확실하게, 문제를 해결할 수 있어야 한다.

02.
은퇴설계 지식창업
수익모델 만들기 전략

은퇴설계 지식창업을 시작하면서 가장 많이 하는 실수가 있다. 좋은 콘텐츠를 만들기만 하면 자연스럽게 수익이 따라올 그것이라고 믿는 것이다. 하지만, 시장은 그렇게 단순하지 않다. 수익은 콘텐츠 그 자체에서 나오지 않는다. 지식으로 돈을 버는 구조를 설계해야 한다. 콘텐츠를 어떤 구조로 판매하고, 어떤 형태로 고객과 연결하느냐에 따라 달라진다.

은퇴설계 지식창업자가 만들 수 있는 대표적 수익모델은

첫째, 강의·코칭 프로그램

가장 기본적이면서도 강력한 수익모델이다. 자신이 가진 전문 지식을 강의나 코칭 형태로 판매한다.

오프라인 강의: 소규모 특강, 정기 강좌, 워크숍을 열 수 있다.

온라인 강의: 줌(Zoom) 강의, 클래스101, 탈잉 등 플랫폼 활용 1:1 코칭 맞춤형 은퇴설계 컨설팅, 강의 수익모델은 비교적 빨리 수익을 창출할 수 있다는 장점이 있다. 단, 강의력을 끊임없이 개선하고, 고객 맞춤형 콘텐츠를 개발해야 지속적인 모델이 된다.

둘째, 지식 상품화: 책, 워크북, 가이드북

지식을 정리해 상품화하는 방법도 매우 중요하다. 은퇴설계 관련 분야는 체계적인 가이드나 워크북에 대한 수요가 높다.

자기 계발형 워크북: 100일 은퇴설계 실행 플래너를 제시할 수 있다.

입문자용 가이드북: 퇴직 1년 전, 반드시 해야 할 10가지로 세분화한다.

전문적인 책 출간: 은퇴 후 전문적인 책을 출간한다.

이러한 지식 상품은 수익뿐 아니라 브랜딩 효과까지 동시에 가져온다. 특히, 책 출간은 신뢰도를 높이는 강력한 도구가 된다.

셋째, 커뮤니티 기반 수익

은퇴설계에 관심 있는 사람들을 모아 커뮤니티를 운영하는 것도 좋은 수익모델이다. 월 구독료 기반 온라인 커뮤니티, 소규모 오프라인 모임 (스터디, 네트워킹, 그룹 코칭) 유료 멤버십 프로그램 (특별 자료 제공, 전문가 연결 등) 커뮤니티 모델은 한 번 구축되면 장기적으로 안정적인 수익을 가져올 수 있다. 무엇보다 '팬'을 '고객'으로, '고객'을 '지지자'로 전환할 수 있는 강력한 구조다.

넷째, 패키지형 고가 상품

지식창업자는 시간이 지날수록 단가를 높이는 상품을 개발해야 한다. 초기에는 소액 강의나 전자책으로 시작하지만, 점차 코칭, 맞춤형 프로그램, 소규모 프리미엄 워크숍 등을 통해 고가 상품을 구성할 수 있다.

3개월 맞춤 은퇴설계 코칭 프로그램을 구성해 300만 원 이상의 프리미엄 상품으로 설계할 수 있다. 고가 상품은 단순한 가격의 문제가 아니라, 나의 전문성과 가치에 대해 고객이 신뢰하고 투자하는지의 문제다. 브랜딩과 콘텐츠 신뢰도가 쌓이면 충분히 가능하다.

1인 지식창업자의 퍼스널 마케팅 전략: 나를 시장에 제대로 알리는 방법

수익모델을 설계했다면, 이제는 세상에 알릴 차례다. 아무리 좋은 콘텐츠와 프로그램이 있어도, 알리지 못하면 존재하지 않는 것과 같다. 퍼스널 마케팅은 단순한 광고가 아니다. 나의 전문성과 가치를 세상에 설득력 있게 전달하는 활동이다.

성공적인 퍼스널 마케팅 전략

첫째, 콘텐츠 기반 마케팅

지식창업자는 광고보다 콘텐츠로 자신을 알리는 것이 효과적이다. 콘텐츠는 나를 전문가로 포지셔닝하게 해주고, 신뢰를 구축하는 가장 좋은 방법이다.

블로그 글쓰기: 은퇴 준비 체크리스트, 노후 자금 마련법 등 실용적인 글을 제공한다.

유튜브 콘텐츠: 퇴직 1년 전 준비할 5가지, 은퇴 후 수입 만들기 강의 등 다양하게 유튜브 콘텐츠를 제작할 수 있다.

SNS 짧은 콘텐츠: 인스타그램, 카드 뉴스, 링크트인 칼럼을 연재할 수 있다.

꾸준히 양질의 콘텐츠를 제공하면, 고객이 먼저 찾아오는 구조가 만들어진다.

둘째, 관계 기반 마케팅

1인 창업자는 거대한 광고비를 쓸 수 없다. 관계를 통해 자연스럽게 확장하는 전략이 중요하다. 강의 수강자와 소통하며 무료 세미나 운영 후 관계 맺기를 잘하면서 기존 고객의 추천을 유도할 수 있다. 후기와 추천서를 적극적으로 활용하면 작은 관계 하나하나가 퍼스널 브랜드를 키우는 자산이 된다.

셋째, 명확한 포지셔닝과 메시지

"나는 은퇴설계 전문가입니다."라는 말만으로는 부족하다. 나만의 포지셔닝을 명확히 해야 한다.

'퇴직 전 1년, 인생 30년을 준비하는 은퇴설계 전문가', '50대, 60대를 위한 은퇴 후 월 수익 만들기 코치'처럼 구체적이고 선명한 포지셔닝을 만들어야 한다. 또한, 메시지도 간결하고 반복적으로 전달해야 한다. 사람들은 쉽게 잊어버리기 때문에, 내 전문성을 꾸준히 강조하고 각인시켜야 한다.

넷째, 다양한 채널을 연계하라

퍼스널 마케팅은 한 채널에만 의존해서는 안 된다. 블로그, 유튜브, 인스타그램, 링크트인 등 다양한 채널을 전략적으로 연결해 접점을 만들어야 한다. '네이버 인물등록'과 연계해 신뢰성을 높이고, 구글 검색에도 노출되게 하는 등 온라인에서 다 각도로 존재감을 드러내야 한다. 은퇴설계 지식창업은 준비 없는 열정만으로는 결코 성공할 수 없다. 계속 수익모델을 치밀하게 설계한다. 퍼스널 마케팅 전략을 체계적으로 실행하는 것만이 장기적인 성장과 성공을 보장한다. 당신의 이름을 시장에 알리고, 당신의 지식을 세상에 가치를 더하는 무기로 바꿔라. 그 길 위에서, 은퇴 후의 삶은 다시 한번 빛나게 될 것이다.

1인 지식 창업가를 위한 실전 사업계획서 작성법

지식창업을 통해 은퇴 후 인생을 새롭게 열어가고자 할 때, 간과하는 부분이 하나 있다. 바로 사업계획서를 쓰지 않고 시작한다는 점이다. 1인기업가, 특히, 지식 창업가는 대규모 자금 조달이나 투자 유치를 목표로 하는 것이 아니다. 명확한 사업계획서를 작성해 두는 것은 필수적이다. 이것은 외부를 위한 문서가 아니라, 자기 자신을 위한 지도이기 때문이다. 사업계획서 없이 시작하는 창업은 목적지 없이 떠나는 여행과 같다. 처음에는 열정만으로 나아가지만, 어느 순간 방향을 잃고 표류하게 된다. 따라서 1인 지식 창업가에게 필요한 것은 간결하지만 핵심을 찌르는, 나만의 맞춤형 사업계획서다. 1인 지식 창업가에게 필요한 사업계획서란 대기업이나 스타트업처럼 복잡하고 방대한 사업계획서는 필요 없다.

1인기업가에게 필요한 것은, 내가 무엇을 하고자 하는지 누구를 고객으로 삼을 것인지 어떤 방식으로 수익을 낼 것인지 어떻게 성장할 것인지를 명확히 정리하는 실용적인 문서다. 사업계획서는 스스로 질문을 던지고 답을 찾는 과정이다. 그 과정을 통해 자신의 방향을 다듬고, 필요한 준비를 점검할 수 있다.

활용할 수 있는 1인기업가용 사업계획서 기본 틀
1. 사업 개요
나의 사업 아이템(지식창업 분야) 소개
사업의 핵심 가치(어떤 문제를 해결하는가?)
2. 시장 분석
내가 진출하려는 시장은 어떤 모습인가?
목표 고객은 누구인가?
시장 규모와 성장 가능성은 어떠한가?
3. 경쟁 분석 및 차별화 전략
주요 경쟁자는 누구인가?
경쟁자의 강점과 약점은 무엇인가?
내가 가진 차별화 포인트는 무엇인가?

4. 수익모델

나의 지식은 어떤 방식으로 수익화되는가?

(강의, 코칭, 전자책, 워크북, 온라인 강좌, 커뮤니티 등)

가격 전략은 어떻게 설정할 것인가?

주요 수익원을 어떻게 다양화할 것인가?

5. 마케팅 전략

나를 어떻게 알릴 것인가 (콘텐츠 마케팅, SNS, 블로그, 유튜브 등)

초기 고객을 어떻게 확보할 것인가?

지속해서 고객을 확보하고 관계를 유지하는 방법은 무엇인가?

6. 실행계획

1개월, 3개월, 6개월, 1년 로드맵 설정, 구체적인 목표 설정(예: 첫 강의 오픈, 첫 10명 고객 확보 등) 월별 액션플랜을 작성해야 한다.

7. 위험 분석 및 대응 전략

예상되는 문제점은 무엇인가. (시장 무반응, 고객 확보 실패, 수익 부진 등)

이를 어떻게 예방하거나 대응할 것인가?

8. 장기 성장 전략

1년, 3년, 5년 후 내 사업은 어떻게 성장할 것인가?

새로운 상품 개발, 커뮤니티 확장, 브랜드 확장 전략은 무엇인가?

사업계획서 작성 방법 실전 팁은 형식이 아니라 진정성이 중요하다. 화려한 표현이나 멋진 문장보다. 내가 정말로 무엇을 하고 싶은지, 어떤 길을 갈 것인지 솔직하고 구체적으로 적어야 한다.

사업계획서를 세우는 방법

첫째, 누구를 위한 사업인가를 명확히 하라.

내가 좋아하는 일을 하는 것도 중요하지만, 고객이 필요로 하는 것을 제공해야 수익이 발생한다. 사업계획서 작성 초기에 내가 돕고 싶은 고객은 누구인가? 늘 반드시 정의한다.

(예: 50대 직장인, 은퇴를 앞둔 공무원, 은퇴 후 제2의 인생을 준비하는 자영업자)

고객을 명확히 규정하면, 콘텐츠 기획과 마케팅 전략도 자연스럽게 정해진다.

둘째, 숫자로 계획을 세워라.

막연하게 많이 팔겠다가 아니라, 구체적으로 3개월 안에 첫 30명 고객 확보, 6개월 안에 월 300만 원 수익처럼 가능한 목표를 숫자로 정해야 한다. 숫자로 목표를 정하면 현재 위치를 확인하고 부족한 부분을 개선하고 성과를 평가할 수 있다. 1인기업가에게 사업계획서는 기대가 아니라 실행을 위한 약속이어야 한다.

셋째, 실행할 수 있는 구체적인 계획을 세워라.

계획은 거창할 필요 없다. 오히려 이번 달 안에 블로그에 10편 글쓰기, 다음 달 안에 첫 세미나 개최처럼 작고 구체적인 실행계획을 세우는 것이 훨씬 효과적이다. 작은 성공이 모이면 자신감이 생기고, 그 자신감이 다음 성장의 발판이 된다.

넷째, 리스크를 솔직하게 인정하라.

은퇴설계 지식창업에서도 실패 가능성은 항상 존재한다. 초기에는 고객 반응이 기대만큼 오지 않을 수도 있다. 이때 필요한 것은 위험을 회피하는 것이 아니다. 리스크를 솔직히 인정하고 대응책을 미리 세워두는 자세다. 수강생 모집이 부진할 경우, 무료 오픈 특강으로 수요를 유발하는 대안을 마련해 두는 식이다.

사업계획서는 단순히 문서 한 장이 아니다. 미래를 위한 설계도이며, 나 자신에게 보내는 약속이다. 은퇴 후 지식창업을 시작하는 1인기업가에게는 이 사업계획서가 갈피를 잡고 흔들림 없이 나아가는 나침반이 된다. 크게 시작할 필요도, 완벽할 필요도 없다. 작게 시작하고, 구체적으로 계획하고, 매일 실천하면서 다듬어 가는 것이 진짜 사업계획서의 힘이다.

03.
은퇴설계 지식창업에서의 필수 전략
네이버 인물 등록

1인 지식창업 시대, 무엇보다 중요한 것은 나 자신을 하나의 브랜드로 만드는 것이다. 정보가 넘쳐나는 세상에서, 사람들이 나를 선택하게 하려면 단순한 경력이나 실력만으로는 부족하다. 신뢰, 인지도, 그리고 전문성이라는 세 가지 축을 세워야 비로소 나만의 시장을 만들 수 있다. 이 세 가지를 만들어 주는 가장 강력한 수단이 바로 퍼스널 브랜딩이다. 퍼스널 브랜딩이란, 단순히 자기 PR을 넘어서, 자신의 전문성, 신뢰성, 고유 가치를 세상에 명확하게 보여주는 일이다. 그리고 이 퍼스널 브랜딩을 구체적으로 실현하는 중요한 도구 중 하나가 바로 네이버 인물등록이다.

퍼스널 브랜딩이 필요한 이유

오늘날 소비자는 단순히 제품이나 서비스를 구매하는 것이 아니다. 그 뒤에 있는 사람을 구매한다. 강의를 듣는 것도, 컨설팅을 받는 것도, 책을 사는 것도 결국 사람이라서 선택하는 경우가 점점 늘고 있다. 지식 창업 시장은 특히, 그렇다. 전문성은 기본이고, 거기에 더해 이 사람을 믿을 수 있는가, 이 사람에게 배우고 싶은가, 라는 감정적 요인이 결정적 역할을 한다. 퍼스널 브랜딩은 나의 이름, 나의 얼굴, 나의 이야기, 나의 메시지를 통해 세상과 소통하는 과정이다. 지금은 누가 지식을 많이 아는가가 아니다. 누가 더 매력적으로, 신뢰감 있게, 공감되게 지식을 전달하는가가 중요하다. 퍼스널 브랜딩이 없는 지식창업은 마치 이름 없는 상품처럼, 좋은 품질에도 불구하고 외면받을 수 있다. 반대로 퍼스널 브랜딩이 강력한 사람은, 조금 부족한 점이 있어도 사람들의 지지를 얻고 시장에서 살아남는다. 지식창업자는 무엇보다 먼저 자기 자신을 하나의 브랜드로 만드는 작업을 해야 한다.

왜, 네이버 인물등록이 중요한가?

퍼스널 브랜딩을 실현하는 방법은 여러 가지가 있다. SNS, 블로그, 유튜브, 책 출간 등 다양한 채널이 있지만, 그중에서도 네이버 인물등록은 독보적으로 중요한 위치를 차지한다.

네이버는 대한민국에서 가장 영향력 있는 검색 포털이다. 사람들은 무엇이든 궁금하면 먼저 네이버에 검색한다. 강사, 작가, 컨설턴트, 코치, 전문가 등 지식 기반 직업을 가진 사람일수록 대중은 검색 결과를 통해 그 사람의 신뢰도를 판단한다. 이때 '네이버 인물등록'이 되어 있는 사람은 검색했을 때, 공식 프로필이 가장 먼저 노출된다. 이 공식 프로필은 마치 공신력 있는 인증처럼 작용하여 검색하는 사람에게 강한 신뢰감을 준다.

첫째, 신뢰성 강화

누군가, 나를 검색했을 때 아무 정보가 없다면, 아무리 훌륭한 경력을 가지고 있어도 신뢰를 얻기 어렵다. 반면, 네이버 인물등록이 되어 있는 사람은 공식적인 절차를 통해 등록된 전문가라는 인상을 준다. 지식창업자는 신뢰가 곧 비즈니스의 생명이다. 강의를 의뢰하는 기업, 컨설팅을 요청하는 고객, 책을 사려는 독자 모두 검색을 통해 판단한다.

둘째, 인지도 향상

검색 결과 최상단에 노출된다는 것은, 단순한 정보 전달을 넘어 강력한 인지도 구축효과를 가진다. 사람들은 검색 결과의 상단에 있는 정보를 가장 먼저 믿고 받아들인다. 네이버 인물등록을 통해 내 이름이 반복적으로 노출되면, 사람들의 머릿속에 자연스럽게 이 분야의 전문가라는 인식이 쌓이게 된다.

셋째, 기회의 확장

네이버 인물등록은 단순한 자기소개가 아니다. 이 프로필을 본 기업, 기관, 언론사, 출판사, 강연 기획자 등이 강연, 집필, 인터뷰, 프로젝트 제안하게 된다. 실제로 전문가들이 네이버 인물등록을 통해 예상치 못한 비즈니스 기회를 얻기도 한다. 1인 기업 내가 먼저 찾아다니지 않아도 기회가 찾아오는 구조를 만드는 것이 중요한데, 네이버 인물등록이 그 통로 역할을 해준다.

1인 지식창업에서 네이버 인물등록은 왜 필수인가?

1인 지식창업자는 기업이나 조직의 이름 없이 오롯이 자기 이름으로 시장에 서야 한다. 공식적인 신뢰 장치가 더욱 절실하다. 기업에 소속되어 있으면, 기업의 브랜드가 나를 대신 보증해주지만, 1인 창업자는 스스로 자신을 증명해야 한다. 네이버 인물등록은 바로 그 첫 번째 신뢰의 문이 된다. 또한, 1인 지식창업자는 온라인과 오프라인을 가리지 않고 다양한 채널을 활용해야 한다. 네이버 인물등록은 이 모든 채널을 통합하는 거점 역할을 한다. 블로그, 유튜브, 책, 강의, 컨설팅 등 모든 활동을 네이버 인물 프로필에 연결할 수 있다. 일관된 브랜딩을 구축하는 데 결정적 역할을 한다.

네이버 인물등록의 위력이 더욱 빛날 때는, 강연 섭외 담당자가 검색할 때, 고객이 컨설턴트의 경력을 검토할 때, 출판사가 신인 작가를 검토할 때, 언론사가 전문가 인터뷰 대상을 찾을 때, 이런 모든 상황에서 '네이버 인물등록'은

보이지 않는 신뢰의 다리가 되어준다. 네이버 인물등록을 준비하는 과정 자체가 브랜딩이다.

네이버 인물등록 신청 방법

나의 경력, 활동 이력, 성과, 보도자료, 책 출간 기록 등을 준비해야 한다. 이 과정은 단순한 서류 제출이 아니라, 나의 전문성과 활동을 정리하고, 브랜드를 체계화하는 중요한 작업이 된다. 내가 누구인지, 무엇을 해왔는지, 무엇을 잘하는지 명확하게 정리하는 과정은 퍼스널 브랜딩의 본질이다. 따라서 네이버 인물등록은 결과 자체도 중요하지만, 그 준비 과정에서도 큰 의미가 있다. 1인 지식창업 시대, 퍼스널 브랜딩은 선택이 아니라 생존의 필수조건이다. 퍼스널 브랜딩의 효과적인 방법이 네이버 인물등록이다. 나의 이름을 공식적으로 세상에 알린다.나의 전문성을 공신력 있게 증명해야 한다. 나에게 다가올 기회를 준비하려면, 네이버 인물등록은 더 이상 선택이 아니라 반드시 해야 할 과제다. 나의 이름을 브랜드로 만드는 작업을 시작해야 한다. 그 시작은 네이버 검색창에 내 이름을 올리는 것이다. 당신의 이름이 곧 세상과 연결되는 가장 강력한 브랜드가 된다.

네이버 인물등록 실전 준비 방법

퍼스널 브랜딩을 강화하고, 1인 지식창업자로서 신뢰를 구축하

기 위해서는 반드시 네이버 인물등록을 준비해야 한다. 네이버 인물등록은 단순한 프로필이 아니다. 그것은 세상에 공식적으로 나를 알리는 선언이자, 전문가로서 한 단계 도약하는 중요한 통로다. 하지만, 아무나 쉽게 등록할 수 있는 것은 아니다. 명확한 기준과 과정을 거쳐야 하며, 준비 과정 자체가 하나의 브랜딩 작업이 된다.

어떻게 해야 네이버 인물등록을 성공적으로 준비할 수 있을까?

구체적인 방법
1. 인물등록의 기본 조건을 이해하라.

네이버 인물등록은 아무런 준비 없이 신청한다고 등록되는 것이 아니다. 기본적으로 네이버는 사회적 활동과 공적 성과가 명확한 인물에 대해서 인물정보를 제공한다. 네이버가 심사할 때 주요하게 보는 기준

언론 기사: 객관적인 언론 보도 이력이 있는가.

공식 출간 이력: 책, 논문, 보고서 등 공신력 있는 매체를 통한 출간 경험이 있는가.

공인된 수상 경력: 국내외 공신력 있는 기관에서 수상한 경력이 있는가.

활동 경력: 기업, 기관, 단체 등에서 공식적으로 활동한 이력이 있는가.

공연, 전시, 방송 출연 이력: 대중에게 공개된 활동 기록이 있는가.

이 기준을 충족하지 못하면 인물등록 심사에서 탈락할 수 있다.

따라서 신청 전, 본인의 이력이 이 기본 조건을 충족하는지를 냉정하게 점검해야 한다. 만약 현재 기준을 충족하지 못한다고 해도, 실망할 필요는 없다. 기준을 맞추기 위해 보도 이력이나 책 출간 이력을 준비하는 것도 가능하다.

2. 필수 준비물: 인물등록을 위한 사전 자료 정리

인물등록을 신청할 때 필요한 주요 자료

첫째, 이력서 또는 활동 경력서

자신의 활동 내역을 정리한 문서가 필요하다. 단순한 경력 나열이 아니라, 어떤 분야에서 어떤 성과를 냈는지를 강조해 작성해야 한다. 최근 3~5년 이내의 주요 활동은 구체적이고 명확하게 기술하는 것이 중요하다. 주요 직책과 활동 기간, 주요 성과(수상, 프로젝트 결과, 강연 횟수 등) 대외 활동 이력(협회 활동, 사회공헌 활동)

둘째, 언론 보도자료

네이버 인물등록 심사에서 가장 큰 비중을 차지하는 것은 공신력 있는 언론 보도다. 자신이 주인공으로 등장한 기사, 인터뷰, 강연 보도 등이 있으면 유리하다. 중앙 언론(조선, 중앙, 한겨레, 매일경제 등)이나 지역 언론(시, 도 단위 매체) 모두 가능하며, 단순 홍보성 기사가 아니라 본인의 전문성과 활동을 조명한 기사일수록 좋다. 만약 아직 언론 보도가 없다면, 작은 기회라도 만들어야 한다. 지역 신문사와 인터뷰를 진행하거나, 전문 기고문을 투고하거나, 소규모 포럼이나 강연 활동을 기사화하는 것도 방법이다.

셋째, 책 출간 또는 보고서

자체적으로 출간한 책이나 공식 보고서도 중요한 심사 자료가 된다. 특히, ISBN이 등록된 책이면 신뢰도가 매우 높다. 전자책(e-book) 출간도 인정되지만, 가능하면 오프라인 서점 유통이 가능한 형태가 더 신뢰를 얻을 수 있다. 만약 책 출간이 어렵다면, 전문성 있는 백서나 리포트를 제작해 공개하는 방법도 고려해볼 수 있다.

넷째, 공식 사진

프로필에 사용할 공식 사진이 필요하다. 단정하고 신뢰감을 주는 모습이 중요하다. 배경이 복잡하거나 캐주얼한 옷차림은 피하고, 깔끔한 정장 차림의 프로필 사진을 준비하는 것이 좋다. 사진은 인물등록뿐 아니라 추후 SNS, 블로그, 강연자료에도 활용되므로, 전문 스튜디오 촬영을 권장한다.

3. 신청서 작성과 주의사항

자료를 준비했다면, 이제 네이버 인물정보센터에 인물등록을 신청할 수 있다. 네이버 고객센터의 인물정보 등록 요청 페이지를 통해 신청서를 작성하게 된다.

신청서에는 다음과 같은 항목을 정확히 기재해야 한다.

기본 인적 사항(이름, 생년월일 등)

직업/직책

주요 활동 분야

경력 요약

언론 기사 URL 링크

출간 이력

수상 경력

기타 참고자료(블로그, 유튜브, SNS 등)

주의할 점은, 허위 사실을 기재하거나 과장해서 작성하면 심사에 불이익을 받을 수 있다. 있는 그대로, 하지만 가장 매력적이고 설득력 있게 정리하는 것이 핵심이다. 또한, 활동 증빙 자료(예: 기사 링크, 출판 확인서 등)는 신청서와 함께 첨부해야 한다. 심사자가 쉽게 확인할 수 있도록 명료하고 깔끔하게 정리하는 것이 좋다.

4. 심사 기간과 후속 관리

신청서를 제출하면, 보통 2~4주 정도의 심사 기간을 거친다. 심사 결과는 이메일을 통해 통보받게 된다. 만약 1차 심사에서 탈락했더라도 좌절할 필요는 없다. 탈락 사유를 분석하고, 부족한 부분(언론 보도, 추가 경력)을 보완한 후 재신청할 수 있다. 네이버 인물등록이 승인된 이후에도, 새로운 활동 이력(강연, 출간, 수상 등)이 생길 때마다 정보를 업데이트하는 것이 중요하다. 이렇게 지속해서 프로필을 관리하면, 시간이 지날수록 더 탄탄한 퍼스널 브랜드를 쌓을 수 있다.

5. 인물등록을 넘어 인지도 확보 전략까지 확장하라

네이버 인물등록은 브랜딩의 출발점이지 종착지가 아니다. 등록 이후에는 이 인물 프로필을 적극적으로 활용해 SNS, 블로그, 강연 활동, 책 출간 등과 연계해야 한다. 네이버 검색에 내 이름이 떴을 때, 다양한 채널로 연결되어 있는 모습을 보여주는 것이 퍼스널 브랜딩의 완성이다. 블로그, 유튜브, 인스타그램, 뉴스 기사, 책 링크 등이 자연스럽게 이어진다면, 그 자체로 강력한 신뢰 네트워크가 형성된다.

네이버 인물등록은 단순한 프로필 등록이 아니다. 그것은 나를 세상에 공식적으로 알리는 선언이다. 1인 지식창업자로서 신뢰의 기반을 다지는 첫걸음이다. 준비는 까다롭고 시간이 걸릴 수 있다. 그 과정을 통해 나는 내 전문성과 경력을 스스로 정리하게 된다. 브랜드로서 나 자신을 한층 더 성장시킬 수 있다. 지금, 당신의 이름을 공식적인 무대에 올릴 준비를 시작해보자. 당신의 이름은 세상에 울려 퍼질 준비가 되어 있다.

04.
은퇴설계 지식창업 경쟁 분석과 차별화 전략 세우기

경쟁 분석 시장을 읽는 눈을 가져라

콘텐츠 주제와 기획을 정했다면, 이제 본격적으로 경쟁 분석에 들어가야 한다. 경쟁 분석은 단순히 경쟁자를 흉내 내기 위해 하는 것이 아니다. 경쟁자들을 연구함으로써 시장의 포화 상태 고객의 니즈 파악, 현재 시장의 문제점, 내 차별화 포인트를 발견하기 위함이다.

경쟁 분석 방법

첫째, 직접 검색하고 조사하라

네이버, 구글, 유튜브, 인스타그램, 각종 강의 플랫폼(탈잉, 클래스101 등)에서 내가 선택한 주제와 관련된 키워드로 검색해본다. 비슷한 주제로 활동하는 사람들은 어떤 식으로 콘텐츠를 제작하고 있는가? 어떤 스타일, 어떤 포맷, 어떤 톤으로 사람들과 소통하고 있는가를 관찰한다.

둘째, 경쟁자의 강점과 약점을 분석하라

단순히 누가 인기 있나를 보는 것이 아니다. 그들이 왜 성공했는지, 어떤 점이 부족한지를 분석해야 한다.

콘텐츠의 깊이는 충분한가?

전달 방식은 효과적인가?

전문성은 신뢰할 만한가?
가격 전략은 어떻게 되어 있는가?
고객과의 소통은 원활한가?

이런 요소들을 하나하나 체크하면, 시장 전체의 흐름과 현재 고객이 무엇을 원하고 무엇에 실망하는지를 파악할 수 있다.

셋째, 리뷰와 후기까지 챙겨 봐라.

고객 리뷰, 수강 후기, 구매자 평가는 금광 같은 정보다. 고객들은 솔직하게 불만을 드러낸다. 이 강의는 초급자에게 너무 어렵다. 정보가 새롭지 않다. 실천 방법이 구체적이지 않다. 리뷰를 통해 현재 시장의 빈틈을 찾을 수 있다. 경쟁 분석은 귀찮고 시간이 걸리는 작업이다. 하지만 제대로 하면, 내가 진짜 어떤 시장에 뛰어들고 있는지 정확히 알 수 있다. 무작정 시작하는 것보다 훨씬 성공 가능성을 높인다.

차별화 전략으로 나만의 무기를 만들어라

경쟁 분석을 통해 시장의 상태를 파악했다면, 이제는 차별화 전략을 수립해야 한다. 차별화란 다른 것을 만드는 것이 아니다. 고객이 느끼기에 특별히 더 매력적인 그것을 만드는 것이다.

차별화 전략은 다음과 같이 설계할 수 있다.

첫째, 나의 고유한 경험을 전면에 내세워라.

은퇴설계, 노후 준비라는 주제는 이미 많은 이들이 다루고 있다. 사람들이 어떤 콘텐츠에 끌리는 이유는, 그 사람만의 진짜 경험 때문이다. 실제로 은퇴 후 창업에 성공한 경험, 재무 위기를 극복한 생생한 이야기, 다양한 은퇴자들을 상담하며 얻은 인사이트 이런 구체적이고 진정성 있는 스토리를 담아야 한다. 사람들은 이론이 아니라, 살아 있는 경험에서 배우기를 원한다.

둘째, 전달 방식을 차별화하라

내용이 비슷하더라도, 전달 방식이 다르면 전혀 다른 인상을 줄 수 있다. 예를 들어, 영상 기반 콘텐츠로 친숙하고 쉽게 다가가기, 카툰이나 인포그래픽을 활용해 복잡한 내용을 시각적으로 설명하기, 워크북과 실습 자료를 제공해 직접 실행할 수 있게 돕기, 이런 방식은 기존의 강의나 책과는 다른 사용자 경험을 제공한다.

셋째, 고객 문제 해결에 집중하라

모든 콘텐츠는 고객의 문제를 해결하는 데 초점을 맞춰야 한다. 추상적인 조언보다, 구체적이고 실행할 수 있는 솔루션을 제시해야 한다. 노후 자금 5억 모으기라는 막연한 목표 대신에 매달 50만 원 절약으로 10년 안에 6,000만 원 모으는 실천 가이드를 제공하는 식이다. 구체적이고 현실적인 방법을 제시할수록, 고객은 이 사람이라면 내 문제를 해결해 줄 수 있다고 생각한다.

넷째, 브랜드 스토리를 구축하라

차별화는 기술적인 전략만으로 완성되지 않는다. 왜 이 일을 하는가에 대한 진심 어린 이야기, 나는 누구를 위해 일하는가에 대한 분명한 철학이 있어야 한다. 브랜드 스토리는 감성적인 연결고리를 만든다. 비슷한 콘텐츠가 많아도, 스토리에 끌리는 사람들은 자연스럽게 내 브랜드를 선택하게 된다. 은퇴설계 지식창업은 거대한 시장이지만, 동시에 치열한 시장이다. 성공하기 위해서는 단순히 경험이 있다는 것만으로는 부족하다. 무엇을 주제로 할지 정확히 선택하고 어떻게 기획할지 고객 관점에서 설계하고 시장을 철저히 분석하고 나만의 진정성과 차별화된 강점을 세워야 한다. 이 모든 과정이 바로 지식창업의 진짜 시작이다. 은퇴 후에도 여전히 세상과 연결되어 살아가고 싶다면, 지금부터 콘텐츠를 기획하고, 시장을 읽고, 나만의 브랜드를 만들어야 한다. 은퇴설계 지식창업 수익모델 만들기, 1인 지식창업자의 퍼스널 마케팅 전략 지식창업은 은퇴 이후 인생의 두 번째 성장 무대가 될 수 있다. 하지만, 아무리 훌륭한 콘텐츠를 만들고 퍼스널 브랜딩을 잘해도, 지속할 수 있는 수익모델을 갖추지 못하면 결국 한계에 부딪히게 된다. 또한, 수익모델을 만들었다 해도 효과적으로 세상에 알리고 확장하지 못하면 혼자 만족하는 작은 울타리에 머물 수밖에 없다. 은퇴설계 지식창업자가 반드시 갖춰야 할 두 가지 역량은 수익모델 설계 능력과 퍼스널 마케팅 전략이다. 이 두 가지를 함께 세워야, 지식창업은 취미를 넘어 생계와 꿈을 이루는 현실적인 길이 된다.

　은퇴설계 지식창업 수익모델 만들기는 지식으로 돈을 버는 구조를 설계해야 한다. 은퇴자들이 지식창업을 시작하면서 가장 많이 하는 실수가 좋은 콘텐츠를 만들기만 하면 자연스럽게 수익이 따라올 것이라고 믿는 것이다. 하지만 시장은 그렇게 단순하지 않다. 수익은 콘텐츠 그 자체에서 나오지 않는다. 콘텐츠를 어떤 구조로 판매하고, 어떤 형태로 고객과 연결하느냐에 따라 달라진다.

05.
은퇴 후 성공적인 제2의 인생을 위한 브랜딩 마케팅 전략

은퇴 이후의 삶을 주체적으로 살아가기 위해서는 '브랜드'라는 개념이 더 이상 기업이나 유명 인사에게만 해당하는 게 아니다. 개인도 하나의 브랜드로 인식해야 한다. 특히, 지식과 경험을 바탕으로 새로운 가치를 창출하려는 시니어라면 퍼스널 브랜딩의 마케팅은 필수 전략이다.

지금까지 쌓아온 전문성, 삶의 통찰, 인간적 깊이를 하나의 명확한 메시지와 이미지로 정리해 시장에 전달한다. 이것이 은퇴 후에도 계속 영향력과 수익을 창출할 수 있는 브랜딩 마케팅의 핵심이다.

브랜딩 마케팅 전략은 단순히 이름을 알리는 활동이 아니다. 그것은 내가 누구인지, 어떤 가치를 가지는지, 왜 내가 필요한 사람인지를 세상에 알리고 신뢰를 구축하는 작업이다. 즉, 자신만의 정체성을 정립하고, 그것을 매력적으로 포장해 일관되게 발신하는 것이 브랜딩의 본질이다.

나만의 브랜딩 정체성을 담은 이름의 힘

첫걸음은 브랜딩 이름이다. 자신의 이름을 그대로 사용하는 경우가 많지만, 이름 자체가 너무 흔하거나 전달력이 약한 경우는 브랜드의 힘을 얻기 어렵다. 예를 들어, 이재호 강사보다는 인생 2막 설계자 이재호, 시니어 성장 디자이너, 지혜의 재능기부자처럼 정체성과 임무를 담은 브랜드 네이밍이 효과적이다.

브랜드 네임은 검색에 유리해야 하고, 기억하기 쉬워야 하며, 나의 전문성과 가치가 압축적으로 전달돼야 한다. 지식 콘텐츠를 기반으로 활동하려는 경우에는 전문영역+이름 또는 비전+직책 형태의 조합이 자연스럽다. 경험 기반 창업 코치 박○○, 퇴직 후 행복학교 대표 김○○처럼 말이다. 이 이름 하나가 SNS 계정, 유튜브 채널, 명함, 홈페이지 등에서 반복적으로 사용되며 브랜드의 일관성을 만들어 낸다.

홈페이지와 콘텐츠 플랫폼: 신뢰를 구축하는 온라인 기반

현대에서 브랜드가 살아 숨 쉬는 무대는 오프라인보다 온라인이다. 특히, 홈페이지는 디지털 명함이자 신뢰의 거점 역할을 한다. 나를 처음 만나는 사람이 가장 먼저 검색하는 곳이기 때문에, 단순히 소개만 나열하는 페이지가 아닌, 브랜드의 정체성을 담은 플랫폼으로 구축해야 한다.

나의 브랜드 네임과 슬로건, 자기소개와 인생철학, 전문 분야, 강의·상담·저술 등 가능한 활동 영역, 대표 사진, 명확한 연락처, 작성한 글, 언론 보도, 블로그나 유튜브 링크다. 모두 홈페이지는 전문성과 신뢰성을 전달하는 데 탁월한 수단이다. 도메인도 가능하다면 '이름.com', '분야명.kr'과 같이 개인 브랜딩에 맞게 신뢰도를 높인다. 자신의 이메일도 도메인 기반으로 운영하면 더욱 프로페셔널한 인상을 준다. 홈페이지 외에도 반드시 확보해야 할 채널은 블로그, 유튜브, 브런치, 뉴스레터, 링크드인 등 지식 콘텐츠를 공유할 수 있는 플랫폼이다. 브런치나 블로그는 시니어의 생각과 철학, 경험을 스토리텔링 형태로 풀어내기에 적합하다. 그것이 곧 브랜드 자산이 된다. 온라인에 쌓인 콘텐츠는 시간이 지날수록 검색되고 신뢰받으며, 나를 찾아오는 경로가 된다.

명함과 프로필, 오프라인에서도 브랜드를 표현하라

디지털 시대에도 명함은 여전히 중요한 브랜딩 수단이다. 단순한 이름과 연락처를 넘어서, 명함 하나로도 어떤 사람인지를 느끼게 해야 한다.

좋은 명함은 브랜딩 네임과 슬로건이 함께 들어 있다. 고해상도 프로필 사진과 QR코드 삽입 (홈페이지나 블로그로 연결)한다.

직함 대신 브랜드 메시지, 퇴직 후 생애 전환 코치, 명함 앞면은 깔끔하고, 뒷면은 활동 영역이나 서비스 소개한다. 자신의 전문성과 스토리를 정리한 브랜드 프로필 시트도 함께 준비하면 좋다. 이것은 브랜딩 이력서다.

한눈에 들어오는 요약 프로필, 내가 해결할 수 있는 문제 또는 제공하는 가치, 강의 및 활동 이력을 넣는다. 미디어 노출, 저서, 수료 교육 등 신뢰 자산, 대표 콘텐츠나 추천 후기, 프로필 시트는 강의 제안, 제휴 요청, 출판 미팅 등에서 유용하며, A4 한 장 또는 슬라이드 형식으로 디자인하면 가독성이 높아진다.

프로필 사진과 브랜드 이미지는 인상과 메시지를 일치시킨다. 브랜딩의 중요한 축 중 하나는 이미지 관리이다. 프로필 사진은 단순히 얼굴을 보여주는 것이 아니라, '나의 브랜드 성격'을 드러내는 시각적 메시지다. 예를 들어, 따뜻하고 신뢰감 있는 브랜딩을 원한다면 너무 딱딱한 정장보다 편안한 표정, 자연광, 따뜻한 배경에서 찍은 사진이 좋다. 반면 전문성과 리더십을 강조하려면 프로페셔널한 촬영이 더 어울린다.

온라인 프로필 사진은 가능한 한 통일된 이미지를 사용하는 것이 좋다. 홈페이지, SNS, 메신저, 블로그 등에서 같은 이미지로 통일성을 유지해야 브랜드의 인식이 강화된다. 여기에 사용하는 색상, 서체, 아이콘, 언어 톤까지 모두 브랜드 스타일 가이드로서 정리해두면 일관성을 유지하기 쉽다.

퍼스널 콘텐츠 마케팅은 이야기로 신뢰를 쌓는다. 이제 브랜드가 세팅되었다면, 사람들과의 접점을 넓히고 신뢰를 구축하는 마케팅 전략이 필요하다. 단순한 광고보다는 콘텐츠 중심의 마케팅이 효과적이다. 시니어는 젊은 세대보다 훨씬 진정성 있고 스토리텔링 기반의 콘텐츠에 강점이 있다.

칼럼 쓰기는 자신의 인생 경험과 철학을 담은 짧은 에세이다
Q&A: 시니어 은퇴설계에서 가장 많이 받는 질문 시리즈
사례 소개: 상담하거나 강의했던 실제 사례
영상 콘텐츠: 유튜브나 인스타에서의 짧은 코칭 영상
라이브 방송: 줌이나 인스타 라이브로 실시간 소통

콘텐츠는 단순한 정보 전달이 아니다. 나의 철학과 감성을 담아야 한다. 그것이 곧 브랜드다. 글을 쓸 때는 진정성, 영상에서는 고퀄리티 보다 진심이 중요하다. 오랫동안 축적된 경험과 통찰은 세상에 공감과 울림을 주는 콘텐츠가 될 수 있다. 브랜딩 마케팅 전략은 단순한 홍보 기술이 아니다. 나의 삶을 정리하고 세상과 소통하는 과정이다. 은퇴 이후의 삶을 수동적으로 받아들이는 것이 아니다. 주도적으로 방향을 설계한다. 그 설계도를 세상과 공유하는 방법이다.

브랜드를 구축한 시니어는 더 이상 은퇴자가 아니다. 자신의 인생을 브랜드로 만든 창조적 전문가다. 만들어진 브랜딩은 삶의 후반전을 빛나게 한다. 타인에게도 영감을 주는 등대가 된다.

06.
은퇴 후 SNS 채널을 통한
1인 지식창업 성공 전략과 사례

지금은 누구나 콘텐츠를 생산하고 발신할 수 있는 시대다. 카메라, 노트북, 스마트폰만 있으면 세상에 나를 알릴 수 있다. 은퇴 후 가지고 있는 풍부한 경험이 있다. 인생에 대한 통찰력, 직업적 전문성은 지식 콘텐츠로 전환되었을 때 매우 강력한 브랜드 자산이 된다.

그러나 그 자산을 어디에서, 어떻게 전달하느냐가 관건이다. 이때 중요한 것이 바로 SNS 채널 운영 전략이다. 유튜브, 인스타그램, 블로그, 네이버 포스트는 각각 성격이 다르다. 자신의 콘텐츠 성향과 고객 타깃에 맞게 전략적으로 활용해야 한다.

지식 기반 브랜딩에 성공한 한 시니어의 사례
인생 2막, 김용수 씨의 브랜딩 이야기

김용수 씨(65세)는 은행 지점장으로 30년 이상을 근무한 후, 60세 정년퇴직과 함께 새로운 삶을 모색했다. 퇴직 후 잠시 무료한 시간을 보낸 그는 그동안 쌓은 금융 지식과 상담 경험을 세상과 나누고 싶다는 생각을 하게 되었다. 하지만, 처음부터 무엇을 어떻게 시작해야 할지 막막했다. 그가 택한 방법은 내 이야기를 꾸준히 SNS에 올렸다. 그는 가장 먼저 네이버 블로그를 열고 자신이 경험했던 재무 상담 사례, 퇴직 후 재무 설계 팁, 시니어 가계부 관리

노하우 등을 이야기 형식으로 풀어내기 시작했다. 제목은 〈인생 2막, 돈 걱정 없는 노후 만들기〉였다. 블로그 글은 매주 3편씩 올라갔고, 그가 직접 겪었던 고객 사례들이 많은 공감을 얻기 시작했다. 3개월 만에 일일 평균 1,000명 이상이 블로그를 방문했다. 글을 읽은 사람이 상담받고 싶다는 메시지를 보내오기 시작했다. 그는 그때부터 본격적으로 콘텐츠를 분류하고, SNS 채널을 확장해 나갔다.

블로그는 신뢰를 쌓고 검색을 유도하는 지식 창고다. 김용수 씨의 블로그 전략은 명확했다. 블로그는 시니어 독자들이 검색을 통해 유입되기 가장 쉬운 플랫폼이다. 특히, 퇴직연금, 국민연금 수령 전략, 노후 준비 자가 진단 같은 키워드를 제목에 적극 반영해 검색 노출을 극대화했다. 또한 글의 말투는 딱딱하지 않고, 조언하듯 부드럽고 따뜻한 어조를 유지했다.

"퇴직 후 가장 먼저 해야 할 일은 돈보다 내 감정을 정리하는 일입니다." 이처럼 정보 전달 과 감성 소통을 동시에 담아냈다. 중장년층 독자들이 꾸준히 재방문했다. 블로그는 자연스럽게 김용수 씨의 신뢰 자산이 되었다.

네이버 포스트는 짧고 간결하게 브랜드 노출을 늘리는 채널이다. 블로그가 장문의 글로 깊이 있는 콘텐츠를 다뤘다면, 네이버 포스트는 시선을 끄는 요약 콘텐츠로 활용되었다. 블로그에 올린 퇴직 후 3개월 동안 절대 하지 말아야 할 5가지 글을 포스트에서는 〈퇴직 후, 절대 하지 마세요! 당신의 노후를 망칠 수 있는 행동 5가지〉라는 제목으로 바꾸어 간결한 글과 이미지, 체크리스트 중심으로 재가공했다.

이렇게 요약 콘텐츠를 정기적으로 포스팅하면서 포털 검색 노출을 더욱 강화했다. 네이버 메인에 소개된 이후 유입 트래픽은 하루 수천 명에 이르렀다. 포스트는 확산에 유리한 채널이었다.

유튜브는 신뢰감 있는 영상 콘텐츠로 팬을 만든다
김용수 씨는 영상에는 자신이 없었다. 그러나 블로그 구독자가 3천 명을 넘자, 직접 얼굴을 드러내고 말하는 것이 신뢰를 높인다는 조언을 듣고 용기를 냈다. 처음에는 스마트폰으로 3분짜리 짧은 금융 팁 영상부터 시작했다.
주제는
"국민연금 언제 받는 게 유리할까요?"
"은퇴 직후 목돈은 어떻게 관리해야 할까?"
"시니어를 위한 주택연금 설명" 등.
영상에는 자신의 블로그, 이메일, 무료 상담 신청 폼을 자연스럽게 노출했다. 영상 배경은 서재 한쪽 벽으로 설정했다. 자막은 간결하고 명확하게 구성했다. 무엇보다 표정이 따뜻하고 말투가 편안해서 시청자들의 호응은 매우 높았다. 6개월 후 그의 유튜브 채널은 구독자 1만 명을 넘겼다. 일부 콘텐츠는 조회 수 10만 회를 돌파했다. 영상 댓글에는 아버지 같아서 신뢰가 간다. 우리 부모님도 이런 분께 상담받았으면 이라는 피드백이 줄을 이었다.

인스타그램은 감성과 정보의 균형을 맞춘 가벼운 접점이다
인스타그램은 시니어들에게 가장 낯선 플랫폼일 수 있다. 그러나 김용수 씨는 인스타그램을 정보와 감성 소통 채널로 전략화했다. 사진은 본인의 일상 강의하는 모습, 독서 중인 책, 동네 산책길, 건강 식단 등 문구는 짧고 간단하지만 울림 있는 메시지를 담았다.

노후 설계는 숫자가 아니라 삶의 그림을 그리는 일입니다.

퇴직 후, 아침 30분의 산책이 당신의 하루를 바꿉니다.

해시태그는 #퇴직후삶 #시니어브랜딩 #은퇴설계코치 등으로 통일성 있게 운영했다, 팔로워는 점차 늘어나 기업이나 지자체에서 강의 요청도 들어오기 시작했다.

그의 브랜딩 결과다. 강의, 책 출간, 그리고 브랜드 협업이다. SNS를 통한 브랜딩이 안정화되자, 그는 자신이 쓴 콘텐츠를 모아 전자책으로 출간했다. 지역 노인복지관과 지자체에서 은퇴 후 삶의 전략을 주제로 초청 강의를 진행했다.

2023년 말, 그는 인생 2막 브랜딩 코치라는 이름으로 1인 지식창업자로 등록했다, 월 5건 이상의 상담과 3건 이상의 강의를 진행하면서 은퇴 이후에도 월 300~500만 원의 안정적인 수입을 창출하고 있다. 이제 그는 스스로를 퇴직 후 가장 바쁜 사람이라고 소개한다. 하지만, 그 바쁨은 누군가를 위해 일하는 것이 아니다. 자기의 삶을 의미 있게 살기 위한 바쁨이다.

나도 할 수 있다, 시니어 브랜딩의 길

김용수 씨의 사례는 특별하지 않다. 그가 가진 것은 직업적 경험, 인생의 진정성, 그리고 꾸준함뿐이었다. 그러나 그 꾸준함이 SNS라는 플랫폼을 만나면서 브랜딩이 되었다. 그것이 곧 영향력과 수익이 되었다. 자신의 인생을 콘텐츠로 바꿀 수 있다. SNS는 더 이상 젊은 세대만의 것이 아니다. 오히려 삶을 깊이 있게 살아온 은퇴 후 세상이 듣고 싶은 이야기가 있다.

지금 시작해도 늦지 않다. 스마트폰 하나로, 글 한 편으로, 영상 한 컷으로 세상과 연결될 수 있다. 당신의 이름을 브랜드로 만들고, 당신의 이야기를 사람들의 삶에 가치로 전해보자. 그것이 은퇴 후 가장 강력한 자기실현이 된다.

인생을 다시 시작한 시니어의 용기

최정희 씨는 올해 63세다. 그녀는 30년 넘게 초등학교 교사로 재직하다가 정년 퇴임을 맞았다. 아이들을 가르치며 많은 부모와 상담했다. 학급 내 갈등을 중재하던 오랜 세월은 그녀에게 마음을 돌보는 힘을 길러주었다. 퇴직 후 친구들이 하나둘 여행을 다니고 취미 생활을 시작할 때, 그녀는 자신에게 물었다. "나는 이제 무엇을 하며 살 것인가?"

그녀는 은퇴 직전 몇 해 동안, 교사 경력을 살려 청소년 심리상담사 자격증을 취득했다. 이어 성인 대상 감정 코칭 강사 과정까지 수료했다. 단순히 자격증을 따는 데서 멈추지 않았다, 실제로 상담 사례를 쌓기 위해 자원봉사 상담을 이어갔다. 주변에서 왜, 그렇게 바쁘게 사느냐고 묻자 그녀는 웃으며 말했다.

"나는 지금 인생 2막을 준비하는 중이에요. 아이들을 떠나보내고, 이제는 어른들의 마음을 보듬고 싶어요."

브랜드 네임은 마음뜰이라는 이름으로 시작한 퍼스널 브랜딩이다. 최정희 씨는 활동명을 고민했다. 자신이 꿈꾸는 공간을 하나의 이미지로 담고 싶었다. 결국 그녀는 마음뜰이라는 브랜드 네임을 만들었다. 누군가의 마음이 들꽃처럼 피어날 수 있는 마당 같은 공간이 되고 싶어요.라는 그녀의 설명처럼, 따뜻하고 정서적인 이미지가 담긴 이름이었다.

마음뜰이라는 이름은 그녀의 SNS 계정, 유튜브 채널, 네이버 블로그, 명함, 워크숍 제목에까지 모두 같이 썼다. 이름 하나만 들어도 누구인지, 어떤 철학을 가진 사람인지 알 수 있도록 일관성을 유지했다.

SNS 채널 구축은 블로그와 인스타그램의 따뜻한 조화다. 최정희 씨는 SNS를 본격적으로 시작할 당시, 디지털에 익숙하지 않았다. 하지만 포기하지 않고, 블로그 강좌를 듣고, 인스타그램 사용법을 배우며 한 걸음씩 디지털에 익숙해졌다. 블로그는 그녀의 핵심 콘텐츠 플랫폼이었다.

주요 콘텐츠
"감정이 폭발할 때 나를 지키는 방법 3가지"
"어른이 된 우리도 토닥임이 필요하다"
"퇴직 후 감정 기복, 자연스러운 걸까?"

그녀는 단순한 심리 이론보다, 자기 경험을 담아 글을 썼다. 독자들은 그녀의 글에 공감했다. 댓글에는 "제 이야기인 줄 알았어요.", "상담을 신청하고 싶어요."라는 반응이 이어졌다.

인스타그램에서는 블로그보다 더 감성적인 접근을 시도했다.
짧은 글귀와 사진은 "오늘, 당신 마음의 온도는 어떤가요?"
마음을 어루만지는 짧은 영상은 "불안할 때 호흡을 가다듬는 방법"
일상 속의 상담가 모습은 아침 산책, 차 한잔, 독서 중의 사진들
그녀의 팔로워는 빠르게 늘어나진 않았지만, 소수의 진정한 팬들이 꾸준히 좋아요.를 눌렀다. 그중 몇 명은 실제로 상담 프로그램에 참여하게 되었다.

첫 오프라인 프로그램을 진행했다. 감정 다독임 워크숍이란 제목으로 진행했다. 그녀는 블로그와 인스타그램을 기반으로 첫 오프라인 프로그램을 기획했다. 장소는 가까운 도서관 커뮤니티 빈 곳, 제목은 "감정 다독임 워크숍". 대상은 주로 50~60대 여성들이었고, 하루 2시간씩 총 4회로 구성되었다.

주제는

감정의 뿌리를 찾는 법

나를 탓하지 않는 연습

관계 속에서 나를 지키는 대화법

회복탄력성을 기르는 작은 습관

프로그램은 큰 광고 없이도 블로그와 인스타그램 공지를 통해 10명 정원이 채워졌고, 참가자들의 입소문을 통해 두 번째, 세 번째 프로그램까지 이어졌다.

홈페이지와 브랜딩 강화는 신뢰의 기반 만들기다

워크숍이 반복되면서 그녀는 전문성 있는 이미지를 위해 작은 홈페이지를 만들었다. 도메인은 maeumddul.kr, 구조는 간단했다.

자기소개와 활동 이력

프로그램 안내 및 신청

블로그와 SNS 연동

상담 후기

홈페이지는 상담 의뢰자들에게 신뢰를 주는 중요한 수단이 되었다. 명함에 QR코드를 넣어 오프라인에서도 쉽게 연결될 수 있도록 했다. 홈페이지의 한쪽에는 그녀가 쓴 짧은 시와 글귀들이 담겨 있어 마음 상담가로서의 정체성이 한층 강화되었다. 그녀는 수입과 삶의 균형을 동시에 이뤘다. 현재 그녀는 한 달에 34회의 소규모 강의 및 워크숍을 운영하고 있다. 매주 23건의 1:1 온라인 상담을 진행한다. 수입은 월 200~300만 원 정도지만, 그녀에게 더 중요한 것은 삶의 의미와 연결감이다.

"내 이야기를 듣고 눈물을 흘리는 사람, 나 때문에 용기를 얻었다고 말하는 분들이 있어요. 저는 돈보다 그 순간들이 너무 소중해요."

그녀는 올해 첫 전자책 〈마음을 들여다보는 시간〉을 출간했다, 동네 서점과 함께하는 작은 책이야기마당도 기획 중이다. 지금 그녀의 목표는 지속할 수 있는 작고 따뜻한 브랜드를 만드는 것. 그녀는 거창한 확장을 꿈꾸지 않는다. 대신 자신의 속도로, 자기 철학을 지키며, 진정한 브랜딩을 실천하고 있다.

시니어 브랜딩, 기술이 아닌 진정성의 문제
최정희 씨의 사례는 우리에게 많은 것을 시사한다. 시니어가 SNS를 이용해 브랜드를 만든다는 것이 화려한 영상이나 광고를 의미하지 않는다. 오히려 진심 어린 이야기, 꾸준한 콘텐츠, 그리고 타인을 향한 따뜻한 시선이 브랜딩의 핵심이라는 것을 보여준다.

기술은 도구일 뿐이다. 브랜딩의 본질은 자신이 세상에 전달하고 싶은 메시지, 그리고 그것을 일관성 있게 표현하는 태도다. 최정희 씨는 바로 그 원칙을 실천한 사례다. 누구나 할 수 있다. 단, 자기 삶을 돌아보고, 그 의미를 정리하고, 그것을 말할 수 있는 용기만 있다면 누구나 가능하다.

| 에필로그 |

은퇴 후 지식창업은 새로운 꿈에 도전
"은퇴 후 지식창업은, 다시 꿈꾸는 삶을 향한 도전입니다."
많은 이들이 은퇴 후 가장 후회하는 일로 이렇게 말합니다.
"현직에 있을 때, 평생 써먹을 명함 하나라도 만들어 둘 걸 그랬다."
직장에 다닐 때, 명함은 내 존재를 대신했습니다. 회사의 이름과 직책이 곧 나였고, 그 명함 한 장이 나를 대변해 주었습니다. 전화 한 통, 명함 한 장이면 통하던 시절. 그러나 은퇴 후, 그 명함은 더 이상 통하지 않습니다. 직위도, 소속도 사라진 지금, 나는 누구이며 무엇으로 나를 설명할 수 있을까요?

그 질문에 답하기 위해, 저는 새로운 명함을 만들기로 했습니다. 인생 2막을 위해 가장 먼저 한 일은 '내가 정말 하고 싶은 일이 무엇인지'를 정리하는 일이었습니다. 저는 내 이름을 브랜드로 만들기로 했습니다. 그리고 그 첫걸음으로 책을 쓰기로 결심했습니다. 책은 나의 명함이자, 나의 스토리를 알리는 도구였습니다. 이 책을 통해 저는 강연가로, 코치로, 지식 창업가로 제 삶의 두 번째 막을 열었습니다. 제가 걸어온 길은 결코 꽃길만은 아니었습니다. 좌절도 있었고, 실패도 있었지만, 그 모든 경험이 지금의 저를 만들었습니다. 그 경험이 누군가에게는 도움이 될 수 있다면, 그것은 이미 가치 있는 삶의 일부가 아닐까요? 누구든, 은퇴 후에 꿈을 향한 새로운 도전을 시작할 수 있습니다. 방법을 몰라 고민하는 분들이 있다면, 이 이야기가 작은 길잡이가 되었으면 합니다. 시작이 반이라는 말처럼, 망설이기보다 한 발 내딛는 것이 중요합니다. 100세 시대, 지금이야말로 진짜 나의 꿈을 이룰 수 있는 시간입니다. 나이는 숫자일 뿐, 꿈에는 기한이 없습니다. 자아실현은 어느 시기든 가능합니다. 꿈은 우리를 살아 있게 만들고, 행동하게 하는 에너지입니다. 은퇴 후의 삶은 세상이 중심이 아니라, 내가 중심이 되어 삶과 일을 주도해야 합니다. 그것이 지식창업을 통해 제가 배운 가장 큰 깨달음입니다.

혹시 당신은 지금, 꿈을 꾸기엔 너무 늦었다고 생각하고 있나요? 절대로 늦지 않았습니다.

늦은 꿈은 없습니다. 지금 순간 꿈꾸고 있다면, 당신은 여전히 '현역'입니다. 희망과 꿈이 없는 삶은 싱거운 인생입니다. 꿈은 인생의 사탕이고, 그 사탕은 우리를 웃게 만듭니다.

꿈이 없다면, 삶은 점점 메말라 갑니다. 그러나 꿈이 있는 사람은 끝없이 성장합니다.

꿈을 위해 도전하는 사람은 늘 현역입니다. 그 꿈을 이루면, 또 다른 꿈으로 다시 뛰기 시작합니다. 실패가 두려워 도전하지 않는다면 후회가 남겠지만, 용기를 내어 도전한다면, 실패는 경험이 되고, 실수는 자산이 됩니다. 이 책이 그 시작이길 바랍니다.

두려워하지 마세요.

그리고 당신의 꿈을 응원합니다.

황경하
저자
은퇴설계 지식창업 전문가

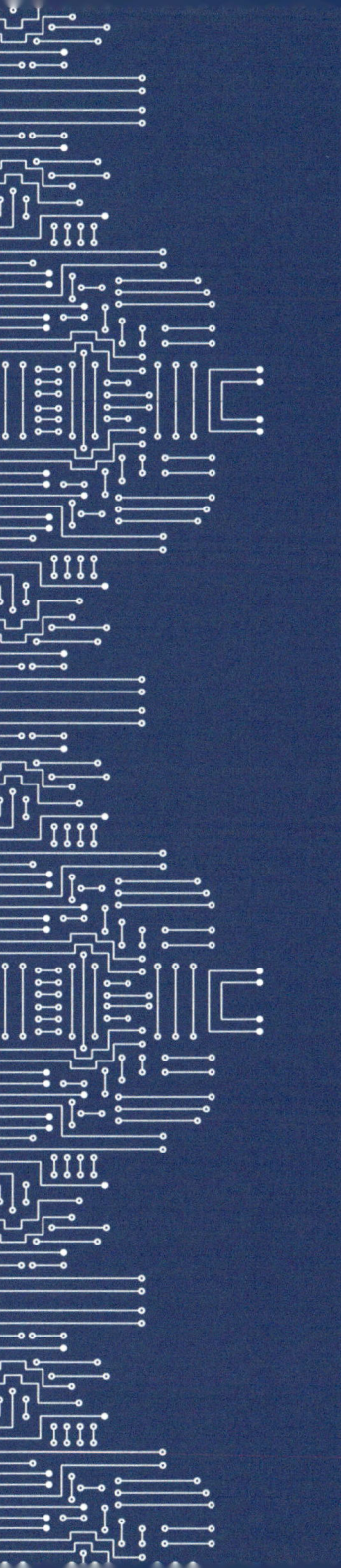

부 록

1. 직업 및 일자리 정보탐색 관련 사이트

구분	사이트명	기능 및 역할	비고
공직	나라일터 www.gojobs.go.kr	.공무원 인사교류, 채용정보 .특별채용, 별정직, 계약직, 대체인력 공모	인사 혁신처
공직	대한민국 공무원되기 www.injae.go.kr	.국가직 및 지방직 공무원에 대한 채용정보 .공무원 직무소개	인사 혁신처
공공분야	워크넷 www.work.go.kr	.종합고용정보 시스템 .직업정보 맞춤형 고용지원서비스 제공	고용 노동부
공공분야	노사발전재단 www.4050jobco.kr	.중장년 일자리 희망센터 운영 .중장년 맞춤형 고용지원서비스 제공	고용 노동부
공공분야	HRD넷 www.hrd.go.kr	.종합직업훈련 정보 제공 .근로자 및 구직자 훈련 과정. 훈련지원 안내	한국 고용 정보원
공공분야	커리어넷 www.career.go.kr	.진로전망(직업정보, 진로상담, 적성검사 .진로교육자료 제공 및 경력관리 포함	교육부
공공분야	알리오 www.alio.go.kr	.공공기관 경영 정보 공개 시스템 .채용정보 및 기관별 비교 조회	기획 재정부
공공분야	한국직업방송 www.worktv.or.kr	.TV 및 온라인 직업 관련 전문 방송매체 .일자리 정보, 직업능력개발 강좌	공익 채널
민간	잡코리아 www.jobkorea.co.kr	.일반 부분의 취업 지원 및 채용정보 제공 .취업박람회, 취업캠프 등 관련 프로그램 운영	채용 포털

분야			
분야	인크루트 www.incruit.com	.일반 부문 취업 지원 및 채용정보 제공 .맞춤형 채용공고 및 합격 가이드 제공	채용 포털
	사람인 www.saramin.co.kr	.사람 중심의 취업 포털 사이트 .대기업 및 중소기업의 각종 정보 제공	채용 포털
	알바천국/알바몬 www.alba.co.kr www.albamon.co.kr	.각종 아르바이트 소개 및 채용정보 제공 .아르바이트 구인 구직 플랫폼	아르 바이트 포탈

2. 현직일 때 도전할 만한 똑똑한 국가자격증

구분	자격명	부문 및 부처	시행 기관
국가 기술자격	직업상담사 2급	사회복지, 종교	한국산업 인력공단
	제빵기능사	제과. 제빵	
	한식조리기능사, 중식조리기능사	조리	
	지게차운전기능사,굴삭기운전기능사	건설기계운전	
	전기기사, 전기기능사	전기	
	화훼장식기사, 화훼장식기능사	원예	
	컨벤션기획사 2급	경영	

	미용사(일반),미용사(네일)	이용,미용	
	신재생에너지발전설비사		
	온실가스관리사		
	건축물에너지평가사		
	컴퓨터 활용능력1급	정보기술	대한상공회의소
국가 전문자격	사회복지사 1급	보건복지부	한국산업 인력공단
	공인노무사	고용노동부	
	경영지도사	중소벤처기업부	
	관광통역안내사	문화체육관광부	
	일반행정사	행전안전부	
	공인중개사	국토교통부	
	주택관리사	국토교통부	
	도로교통사고 감정사	국토교통부	
	농산물품질관리사	농림식품수산부	
	감정평가사	국토교통부	
	간호조무사	보건복지부	관련기관
	요양보호사	보건복지부	
	평생교육사	교육부	
	생활체육지도사	문화체육관광부	
	청소년지도사, 상담사	여성가족부	
	한국어교육능력검정시험	문화체육관광부	

3. 나의 미래 먹거리 기술 도움창구

구분	세부 내용	비고
내일 배움 카트	.구직자들의 직업능력개발 훈련 과정 참여 .1인당 연간 200만 원 한도 훈련비 지원	고용노동부
근로자 직업능력 개발훈련	.재직자들을 위한 직업훈련 교육 .재직자 내일 배움카드 제도	
근로자 직무능력 향상 지원금 제도	.자격요건 해당자에게 다양한 직업 및 기술교육 .희망 교육 과정 직접 검색 후 선택 참여	
각 기능교육 및 직업훈련 과정	.전국 8개 대학 기반 다기능 기술자, 기능사, 기능장, 학위전공 심화 과정 운영 .베이비 부머를 위한 특별 과정 운영	한국폴리택대학
신학 협력단 과정	.재직자 교육 훈련(핵심, 직무능력 향상) .취약계층 훈련(은퇴자, 경력단절 여성 등)	
취업 알선센터	.각 구별 취업 알선센터 25개 .고령자를 위한 취업알선	서울시
취업 훈련센터	.내일 행복학교 시니어 직업 능력학교 운영 .취업, 전문직업 등 5개 아카데미 운영 .시니어 직업 능력학교 운영	

직무 분야 강사 양성 과정	.각 분야 강사들의 강의 스킬교육 .강좌 개설 시 강사로서 활용	각 지역 평생교육원
각종 강좌	.일자리 관련 특강 .분야별 문화 체험 및 행사 지원	지역 도서관

4. 각종 봉사활동 결합 일자리 사업기관

구분	단체	기능 및 역할	비고
봉사 결합 일자리 사업	사회공헌 일자리 사업	.사회적 기업이나 비영리 단체에서 사회공헌 활동 부여 .고용노동부 및 지방자치단체 지정 기관	고용 노동부
	노인일자리 사업	.노인 특성에 맞는 노인 일자리 창출 보급 .한국노인인력개발원 주관	고용 노동부
	KOCA 자문단 www.kov.koica.go.kr	.종합직업훈련 정보제공 .근로자 및 구직자 훈련 과정, 훈련	한국 고용 정보원
	NFA자문단 www.kse.nica.kr	.진로 정보망(직업정보, 진로상담, 적성검사) .진로교육자료 제공 및 경력 관리 포털	정보 통신 산업 진흥원

5. 퇴직 후 꼭 챙겨야 할 국가 지원 제도

구분	내용	신청 방법
실업 급여	.고용보험에 가입한 근로자와 자영업자가 실직 후 재취업을 준비하는 동안 소정의 급여를 지급하는 제도 .고용보험에 가입한 기간이 180일 이상일 경우 신청 가능	고용보험 홈페이지 (www.ei.go.kr)
실업 크레디트	.국민연금 보험료 납부가 어려운 실업 기간에 정부가 보험료의 일부를 지원해주는 제도(보험료 25% 자기부담 75%를 최대 12개월까지 국가 지원) .60세 미만의 실업급여 수급자 등 국민연금 가입자 또는 납부 경험자 대상	전국 국민연금공단지사 (1335) 고용노동부 고용센터 (1350)
임의 계속 가입자	.퇴직한 후에도 최대 3년까지 건강보험료를 종전 소득 기준 보험료로 납부 .직장가입자 1년 이상인 자로서 지역보험료 납부기 한 2개월 이내에 신청	건강보험공단 홈페이지 (www.minwon.nhis.or.kr)

5-1 은퇴 준비를 돕는 웹사이트

지역별 중장년 일자리 희망센터
각 지역별로 일자리 정보를 얻을 수 있는 유용한 사이트입니다. 일자리 알선과 교육 등 다양한 프로그램이 소개되어 있습니다.

서울
노사발전재단, 장년 일자리 희망넷
http://www.4060job.or.kr

한국무역협회
http://www.kita.net

전국경제인연합회
http://www.fki.or.kr

중소기업중앙회
http://www.kbiz.or.kr

대한은퇴자협회
http://www.karpkr.org

대한상공회의소
http://www.korcham.net

한국경영자총협회
http://www.kefplaza.com

경기도

충청도
대전충남경영자총협회
www.tjcnef.or.kr/

충남북부 상공회의소
http://cbcci.korcham.net/main.cci

충북경영자총협회
www.cbef.or.kr/

경상도
부산경영자총협회
www.bsef.or.kr/

경남경영자총협회
https://gef.or.kr:50011/

울산양산경영자총협회
http://blog.naver.com/uyea2013

경북경영자총협회
http://www.gbef.or.kr/

경북동부 경영자협회

평택상공회의소 http://pyeongtaekkcci.korcham.net/main.cci 고양상공회의소 http://www.gycci.or.kr/main.cci 안산상공회의소 http://ansancci.korcham.net/main.cci	http://www.geea.or.kr/ 전라도 광주경영자총협회 http://www.gjef.or.kr/ 목포상공회의소 http://mokpocci.korcham.net/main.cci 전남경영자총협회 http://www.jnef.or.kr/

6. 기존 면접과 블라인드 면접의 차이

구분	기존 면접	블라인드 면접

집중
포인트
	.스펙 등이 개인 정보 중시
	.개인적 요소 우선
	  *개인적 능력. 자질 중시
		.직무 역량 및 연관성 중시
		.현업 적용도 우선
		  *직무 지식.경력(경험)중시

제출 서류 및 작성 내용	.사진 제출 .병역사항 기록 .학교명, 학과명, 졸업사항 기록 .간단 경력 기록	.사진 미체출 .병역사항 .학력 사항을 교육 사항으로 변경 (학교, 학과 미제출)

	(근무처 담당 업무, 기간) . 자기소개서 강제 없음 . 경험(경력) 기술서 강제 없음	. 경험 및 경력 사항 상세 기록 (소속. 조직, 역할. 활동 기간 등) . 외국어 능력 증명서 미제출 . 직무 능력 기반 자기소개서 추가 . 직무 관련 경험(경력)기술서 추가
면접관	. 주관적 개입 가능 *평가오류 우려 . 즉흥적 면접과 역할 수행 가능	, 주관적 개입의 상대적 낮음 . 면접관끼리의 사전 협의 중요 . 개념 모르면 응시자 정보 없어 당황

면접 형태	① 단독(일대일) 면접-면접관 : 지원자
	  *지원자 개인 특성 파악
	② 개인 면접-다수의 면접과 : 지원자
	  *자기소개 요구. 다양한 질의응답
	③ 집단 면접-다수의 면접과 : 다수의 지원자
	  *선발 방식으로 운영
	
	④ 토론 면접 - 4~5명 단위 팀을 이루어 주제 토론 진행
	  *이해력, 협조성, 판단력, 표현능력 등 파악
	⑤ 프레젠테이션 면접-주제 부여 정해진 시간에 발표
	  *이슈 이해, 창의성, 문제 해결 능력, 실무 능력 파악
	⑥ 압박 면접 - 스트레스 부여 반응 탐색
	  *스트레스 내성 및 인성과 대응 태도 관찰	

7. 온라인 배울 때 필요한 정보

1) 공부, 배움 관련 플랫폼 - 클래스 유 - 클래스 101 - 탈잉 - 크몽 - 라이프해킹스쿨 - Edupresso Live Class - MKYU - 1인 기업CEO과정 - Udemy	2) SNS채널 : 소통 역할 　　(커뮤니티 겸 홍보) - 블로그 - 인스타그램 - 페이스북 - 온라인 카페 - 유튜브
3) 필요한 도구 익히기 - zoom - 디지털 마인드맵 - 캔바 or 미리캔버스(이미지 편집) - 캡컷(영상편집) - vrew : AI영상 - 챗gpt	4) 스타트업 미디어 채널 - 아웃스탠딩 - 플랫텀 - 모비 인사이드 - 밴처스퀘어

8. 은퇴 후 잠재 리스크 사전 체크 리스트

리스크 항목	설명	상태 체크
1. 금융 리스크		
-금융사기예방 교육 참여	보이스피싱, 스미싱 등 최신 금융사기 수법에 대한 교육에 참여하고, 사기 방지 대책을 마련했는지	☐완료 ☐미완료
-금융자산관리 전문가 상담	자산 관리나 투자 결정을 신중하게 하기 위해 금융 전문가와 상담했는지	☐완료 ☐미완료
-보안 강화 및 정보 보호	스마트폰, 인터넷 뱅킹 등에서 개인 정보 보호를 위해 2단계 인증, 보안 프로그램 설치 여부	☐완료 ☐미완료
2. 건강 리스크		
-정기 건강 검진	만성질환 예방 및 건강 상태를 확인하기 위해 정기적으로 건강검진을 받고 있는지	☐완료 ☐미완료
-실손 의료보험 및 건강 보험 가입 여부	예상치 못한 의료비 부담을 줄이기 위해 실손 의료 보험 및 추가 건강 보험에 가입했는지	☐완료 ☐미완료
-예방적 의료 서비스 활용	정기적인 운동, 식이요법 등 예방적 건강 관리 프로그램에 참여하고 있는지	☐완료 ☐미완료
3. 재정 리스크		
-고위험 투자 자제	주식, 부동산 등 고위험 자산에 대한 투자를 자제하고 안정적인 금융 상품을 선택했는지	☐완료 ☐미완료

−자산포트폴리오 재구성	다양한 자신에 분산 투자하여 리스크를 줄이기 위한 자산 포트폴리오를 재구성했는지	☐완료 ☐미완료
−연금 및 소득 흐름 점검	은퇴 후 생활비를 충당할 수 있도록 연금 수익 및 기타 소득원이 충분한지 점검	☐완료 ☐미완료
4. 가족 리스크		
−자녀에 대한 과도한 경제적 지원 자제	자녀의 결혼 자금, 주거, 지원 등으로 은퇴 자금에 과도하게 의존하지 않도록 경제적 한도를 설정했는지	☐완료 ☐미완료
−자녀의 독립 지원	자녀가 경제적으로 독립할 수 있도록 조언과 지원을 제공하되, 부모의 재정적 안정성을 우선시 했는지	☐완료 ☐미완료
−부부간 소통 강화	은퇴 후 부부간 생활의 균형을 맞추기 위해 소통과 공감 능력을 강화하고 역할 부담에 대한 대화를 충분히 했는지	☐완료 ☐미완료
5. 창업 및 투자 리스크		
−충분한 시장 조사와 준비 여부	은퇴 후 창업을 고려할 경우, 시장 조사 및 사업 계획 수립을 충분히 했는지	☐완료 ☐미완료
−사업경험 부족 대비	사업 경험이 부족한 경우 전문가의 조언의 받거나 창업 컨설팅에 참여했는지	☐완료 ☐미완료

-소규모 창업으로 시작	대규모 사업보다는 소규모 창업으로 시작해 리스크를 최소하고 있는지 점검	☐완료 ☐미완료
6. 심리적 리스크		
-은퇴 후 활동 계획 수립	은퇴 후에도 활발한 사회 활동이나 취미 생활을 유지하기 위한 계획을 수립했는지	☐완료 ☐미완료
-동호회 및 자원봉사 참여	은퇴 후 새로운 사회적 관계 형성을 위해 동호회 자원봉사 등에 적극적으로 참여하고 있는지	☐완료 ☐미완료
-심리적 안정 및 스트레스 관리	은퇴 후 우울증이나 불안감을 예방하기 위한 심리적 안정 유지 및 스트레스 관리 방법을 실천하고 있는지	☐완료 ☐미완료

참고문헌
연구자료

제1장 : 은퇴하는 남편, 가장이 된 아내
https://www.mk.co.kr/news/business/9496282?utm_source=chatgpt.com
https://data.seoul.go.kr/dataList/OA-15572/S/1/datasetView.do?utm_source=chatgpt.com
https://www.openub.com/?utm_source=chatgpt.com
https://www.jumpoline.com/magazine/new_shop_list.aspx?utm_source=chatgpt.com

제2장 : 100세 시대 은퇴 후 현주소
1. 중장년, 10명 중 7명 비자발적 퇴직, "은퇴 69.4세에 원해" 브라보 마이 라이프 2022
https://menuit.tistory.com/entry/창업비용-총정리-2025년-최신판
https://news.mt.co.kr/mtview.php?no=2018033021540161189
2. 서울시 50+세대 실태조사 직업 이력 및 경제활동 서울50플러스 재단 2019
https://www.klri.re.kr/kor/publication/2050/view.do
3. 보건복지부 노인실태 조사 결과 발표 2023
https://www.oecd.org/en/publications/pensions-at-a-glance-2023_678055dd-en.html
https://www.kwdi.re.kr/publications/reportView.do?idx=130467&p=22
4. 한국여성정책연구원 연구보고서 남녀 고령자의 고용 현황 및 취업실태 분석 2022
https://www.oecd.org/en/publications/pensions-at-a-glance-2023_678055dd-en.html
5. 통계청 자료 주요 국가 인구 고령화 추이 자료 2019
https://www.oecd.org/en/publications/pensions-at-a-glance-2023_678055dd-en.html
https://www.hanaif.re.kr/boardList.do?menuId=&tabMenuId=MN2500
https://kostat.go.kr/board.es?act=view&bid=10820&list_no=377701&mid=a10301060500&ref_bid=&tag
6. 하나금융 은퇴설계 자료 2020
https://www.oecd.org/en/publications/pensions-at-a-glance-2023_678055dd-en.html
https://www.oecd.org/content/dam/oecd/en/publications/reports/2023/12/pensions-at-a-glance-2023_4757bf20/678055dd-en.pdf
7. 국가인권위원회 일할 수 밖에 없는 노인의 인권상황 실태조사 연구영역 2020
httpshttps://www.mohw.go.kr/board.es?act=view&bid=0027&list_no=1483352&mid=a105

8. 중장년, 69세까지 경제활동 원하지만, 퇴직 연령은 평균 50.5세 연합뉴스 2023
https://www.dbpia.co.kr/journal/articleDetail?nodeId=NODE11545287&utm_source=chatgpt.com
https://scienceon.kisti.re.kr/srch/selectPORSrchArticle.do?cn=DIKO0014170832&dbt=DIKO&utm_source=chatgpt.com
https://scienceon.kisti.re.kr/srch/selectPORSrchArticle.do?cn=NPAP12621332&utm_source=chatgpt.com
https://www.dbpia.co.kr/journal/articleDetail?nodeId=NODE10500483&utm_source=chatgpt.com
9. 중장년 퇴직시 10명 중 3명은 '자영업 사장님'으로 변신 한국일보 2021
https://www.oecd.org/en/publications/pensions-at-a-glance-2023_678055dd-en.html
https://www.kwdi.re.kr/publications/reportView.do?idx=130467&p=22
https://www.mohw.go.kr/board.es
10. 시니어 세대가 겪는 은퇴 이후 한의 삶 한국보건사회연구원, 2022
https://www.designdb.com/usr/upload/board/zboardphotogallery248/20201217061942412_1544.0.pdf?utm_source=chatgpt.com
https://easylaw.go.kr/CSP/CnpClsMain.laf?ccfNo=3&cciNo=1&cnpClsNo=1&csmSeq=1696&popMenu=ov&utm_source=chatgpt.com
11. 은퇴 세대, '제2의 소득'이 필요 이유 (OECD Pensions at a Glance 2023)
https://doi.org/10.1787/678055dd-en
https://www.oecd.org/en/publications/pensions-at-a-glance-2023_678055dd-en.html
https://www.oecd.org/content/dam/oecd/en/publications/reports/2023/12/pensions-at-a-glance-2023_4757bf20/678055dd-en.pdf
https://doi.org/10.1787/678055dd-en
12. 한국인의 평균 퇴직 연령은 50.5세로, 기대 은퇴 연령(69세) 보다 18년이나 빠르다. 중장년 구직활동 실태조사 한국경제연구원, 2023
https://www.oecd.org/en/publications/pensions-at-a-glance-2023_678055dd-en.html
https://www.oecd.org/en/publications/pensions-at-a-glance-2023-country-notes_080dc9b1-en/korea_a95373a2-en.html
13. 고령자 비율이 높아진다. 통계청, 2022
https://www.oecd.org/en/publications/pensions-at-a-glance-2023_678055dd-en.html

14. 고용노동부, 고령층 고용동향 2022
https://www.oecd.org/content/dam/oecd/en/publications/reports/2023/12/pensions-at-a-glance-2023_4757bf20/678055dd-en.pdf
https://www.oecd.org/en/publications/oecd-pensions-outlook-2024_51510909-en.html?utm_source=chatgpt.com
https://www.oecd.org/en/publications/oecd-pensions-outlook-2024_51510909-en.html?utm_source=chatgpt.com
https://www.linkedin.com/pulse/oecd-pensions-glance-2023-from-pandemic-responses-back-scarpetta-f5qvc?utm_source=chatgpt.com
https://www.oecd.org/en/publications/serials/oecd-pensions-at-a-glance-g1gha667.html?utm_source=chatgpt.com
https://www.oecd.org/content/dam/oecd/en/publications/reports/2024/10/pensions-at-a-glance-2023-country-notes_2e11a061/turkiye_75149c1e/6c99998c-en.pdf?utm_source=chatgpt.com

15. 전경련 중장년 일자리 희망센터 중장년 구직활동 실태 2022
https://www.oecd.org/en/publications/pensions-at-a-glance-2023_678055dd-en.html
https://doi.org/10.1787/678055dd-en

16. 고용노동부, 재정지원 일자리 사업 및 개선방안 2021
https://doi.org/10.1787/678055dd-en

17. 고용노동부, 통계청 고령층 고용동향 분석자료, 2021)
https://doi.org/10.1787/678055dd-en
https://www.oecd.org/en/topics/public-pensions.html
https://www.oecd.org/en/topics/pensions-and-insurance.html
https://www.oecd.org/en/publications/pensions-at-a-glance-2023_678055dd-en.html
https://www.oecd.org/content/dam/oecd/en/publications/reports/2023/12/pensions-at-a-glance-2023_4757bf20/678055dd-en.pdf

제3장 : 은퇴설계 어떻게 경쟁력을 키울 것인가?

https://www.oecd.org/en/publications/pensions-at-a-glance-2023_678055dd-en.html
https://www.mohw.go.kr/board/view.do?seq=1483359&srchFr=&srchTo=&srchWord=노인실태&srchTp=0&board_id=0019&type=view
https://bravo.etoday.co.kr/news/view/176111

https://www.oecd.org/en/publications/pensions-at-a-glance-2023_678055dd-en.html
https://www.citibank.co.kr/FndTrfnCnts0200.act?utm_source=chatgpt.com
https://pension.hanabank.com/rpc/hhom/kr/rpc08410100.do?utm_source=chatgpt.com
https://investpension.miraeasset.com/m/contents/view.do?idx=10357&utm_source=chatgpt.com
https://tgrrc.snu.ac.kr/?utm_source=chatgpt.com

제4장 : 은퇴설계 지식창업으로 인생 2막 평생 현역으로 살기
https://www.mss.go.kr/
https://www.kised.or.kr/
https://www.kli.re.kr/
https://www.kwdi.re.kr/
https://pension.hanabank.com/rpc/hhom/kr/rpc08410100.do?utm_source=chatgpt.com
https://investpension.miraeasset.com/m/contents/view.do?idx=10357&utm_source=chatgpt.com
https://koreascience.kr/article/JAKO201730049610851.pdf?utm_source=chatgpt.com

제5장 : 은퇴설계 지식창업 책 쓰기가 답니다.
https://www.citibank.co.kr/FndTrfnCnts0200.act
https://pension.hanabank.com/rpc/hhom/kr/rpc08410100.do
https://www.50plus.or.kr/view.do?cnt=1&id=13007909&page=1
https://omoney.kbstar.com/quics?page=C062623
https://spot.wooribank.com/pot/Dream?cc=c009204%3Ac009001&withyou=PFAPL0031

제6장 : 은퇴설계 지식창업 시스템 구축전략
https://www.yes24.com/Product/Goods/112015244?utm_source=chatgpt.com
https://product.kyobobook.co.kr/detail/S000001027537?utm_source=chatgpt.com
https://www.youtube.com/watch?v=zxDBuu2BNQg&utm_source=chatgpt.com

『퇴직과 은퇴, 인생 2막 설계 지침서』, 김용한, 지식공감, 2024
『지식 노마드가 되라』, 이은주, 텔루스, 2020
『은퇴설계 이렇게 하면 된다』, 이덕수, 박영사, 2021
『4차 산업혁명 시대 지식창업을 하라』, 권영석, 프로방스, 2018
『자기소개서 & 면접마스터』, 윤영돈, 비전코리아, 2018
『하버드비즈니스리뷰 은퇴 전환』, 하버드비즈니리뷰 출판부, 2024
『은퇴 준비 어떻게 할까요?』, 황국영, 한국경제신문, 2020
『불안한 노후 미리준비 하는 은퇴설계』, 최성환, 경향미디어, 2015
『출근하지 않고 퇴직하지 않는 1인 지식창업』, 이종서, 가나북스, 2017
『퇴직 없는 인생기획』, 도영태, 김영사, 2019
『지금은 시니어 지식창업 시대다』, 백지안, 미다스북스, 2023
『은퇴 경쟁력을 키워라』, 조관일, 도서출판 행복에너지 2024
『최고의 은퇴기술』, 하창룡, 작은서재 2017
『진짜 은퇴 가짜 은퇴』, 김동석, 더로드, 2020
『100세 시대 은퇴 대사전』, 송양민·우재룡, 21세기북스, 2024
『은퇴 후, 40년 어떻게 살것인가』, 전기보, 미래지식, 2013
『1인 지식 창업의 정석』, 최정훈, 위닝북스, 2017
『이젠 책 쓰기다』, 조영석, 라온북, 2011
『제로창업』, 오시에 마시루, 이노다임북스, 2015
『책 쓰기와 강연은 평생 현역이다』, 김추수, 꿈꾸는 이삭, 2016
『마흔, 인생 2막을 평생 현역으로 사는법』, 김은형, 도서출판 행복에너지 2020
『은퇴하는 남편, 일을 찾는 아내』, 고봉택, 어른의 시간, 2015
『10년차 직장인, 퇴직을 디자인하라』, 전병호, 청년 정신, 2014
『은퇴, 지금부터 인생은 축제다』, 이상면, 경견사, 2013
『은퇴의 기술』, 데이비드 보차드, 황소걸음, 2012
『은퇴설계』, 한국FPSB편, AFPK 제3차 전면 개편, 4차, 2020
『자영업자 생존 보고서』, 김태경, 더퀘스트, 2019
『점포 창업 성공 전략』, 이재홍, 창업과경영, 2020